ウェルチ
リーダーシップ・31の秘訣

ロバート・スレーター
仁平和夫=訳

nbb
日経ビジネス人文庫

GET BETTER OR GET BEATEN!

by Robert Slater

Japanese translation rights arranged with

The McGraw–Hill Companies, Inc.

through Japan UNI Agency, Inc., Tokyo.

ウェルチ　リーダーシップ・31の秘訣

目次

はじめに――GEの奇跡、ウェルチの軌跡

ジャックの愛称で有名なジョン・F・ウェルチ・ジュニアは、一九八一年四月、ゼネラル・エレクトリック（GE）の八代目の最高経営責任者（CEO）兼会長に就任した。史上最年少、四五歳の若さだった。

一九三五年一一月一九日、マサチューセッツ州、ピーボディーで生まれ、隣町のセイレムで育った。

アマーストのマサチューセッツ大学で化学工学を学んだあと、イリノイ大学で工学修士号を取得、一九六〇年に同校で博士号を取得した。

GEでのスタートは、マサチューセッツ州ピッツフィールドにあるプラスチック部門で、これを年間売り上げ数十億ドルの一大事業部門に育て上げた。一九七一年後半には、化学・冶金部門のゼネラル・マネジャーに昇進。

一年後に副社長となり、さらに翌年、部品・素材グループの責任者となる。のちに、医療システム、ダイヤモンドの事業も統括。

一九七七年一二月、家電・サービス部門担当の上級副社長、GEクレジット・コーポレーションの副会長に昇進。一九七九年八月、三人の副会長の一人に就任した。一九八一年八月にGEの会長兼CEOに就任、だれもが優良企業と考えていたGEの立て直しに着手し、いまでは経営の常識になったリストラクチャリングとダウンサイジングのパイオニアとなった。

一九八一年、GEの株式の時価総額は、アメリカで第一〇位だった。それが一九九六年には、およそ一四〇〇億ドルで世界一となった。

一九九〇年代に入ってから、ウェルチはGE再生のために、一六〇億ドルの事業を売却し、四六〇億ドルの事業を買収した。

CEO就任以来、GEの従業員を四一万二〇〇〇人から二二万二〇〇〇人まで削減した。

一九八〇年代初め、市場でトップシェアを誇る事業は、照明、モーター、発電システムの三つしかなかった。国際競争力をもっているのは、航空機エンジンとプラスチックだけだった。

一九九五年、GEの一二の事業部門が市場でナンバー1かナンバー2の地位を占めている。

ウェルチがCEOに就任したとき、GEの階層は九〜一一あった。それが一二年後には、四〜六に減った。

年間の生産性伸び率は、一九八一年の二％から、一九九五年には四％にまで上昇した。

一九八〇年代初め、GEの売り上げは二五〇億ドル、利益は一五億ドルだった。一九九五年の売り上げは七〇〇億ドル、利益は六六億ドルである。

GEはアメリカでもっとも成功した企業と考えられている。

そして、先見性とめざましい業績によって、ジャック・ウェルチは、アメリカでもっとも尊敬されるCEOになった。

リーダーシップの秘訣

1 手遅れになる前に、改革する。

2 現実を直視し、ひるまない。

3 いつでも軌道を修正する心構えと意欲をもつ。

【ウェルチ語録】

古い型のマネジャーは、妥協を受け入れ、ものごとをまとめたがる。これは、自己満足に陥りやすい。これからのリーダーは、問題を提起し、論議し、解決する。明日が勝負であることがわかっているから、今日の流れに逆らうことを恐れない。将来のビジョンを示し、部下を奮い立たせる。

事業に成功する秘訣はなんだろうか。

この答えがわかっていれば、だれも苦労はしない。

「会社の利益がかならず増える」という秘訣があるのなら、だれでもそれを知りたいと思う。

アドバイスをしてくれる人は大勢いるし、たくさんの人が経営の秘訣を説いている。

しかし、取捨選択が重要になる。

どのアドバイスを受け入れ、どのアドバイスを無視すればよいのか。その判断は非常にむずかしい。本書が推奨する方法は、最良のアドバイスに耳を傾け、もっとも役に立つと思われる経営理念に注目することだ。

それは、ジャック・ウェルチの経営理念である。

GEの会長兼CEO

アメリカのCEO（最高経営責任者）ならだれでも、ウェルチにあやかりたいと思う。ウェルチは過去何度も「CEO・オブ・ザ・イヤー」に選ばれている。ゼネラル・エレクトリック（GE）はアメリカでもっとも成功した企業だと称賛されている。

一九八一年に二五〇億ドルだったGEの売上高は、一九九三年に六〇六億ドルに達した。GEはアメリカで有数の高収益企業になった。

フォーブス誌はGEを「アメリカでもっともパワフルな企業」と呼んでいる。GEをそれだけの企業に育て上げたジャック・ウェルチの言葉に耳を傾けるのが、いちばん手っとり早い。本書では、ウェルチの考え方をくわしく紹介していく。

次の一点だけは、忘れないでいただきたい。

ジャック・ウェルチがGEを発展させてきた理念は、中小企業でも、大企業でも、どんな会社の経営者にも、応用できるという点である。

それでは、事業を成功させるジャック・ウェルチの三一のリーダーシップの秘訣を注意深くみていこう。

ウェルチの経営理念がいかに正しかったかは、GEの業績が証明している。

そこから、学ぶべきことがたくさんあることは疑問の余地がない。

手遅れになる前に、改革せよ！

これが、ウェルチが唱える経営理念の中で、もっとも重要なものである。

ウェルチは言う。「みんな変化を嫌う。改革しようと言えば、口々にこう答える。

『いまのままがいい。だから、ここにいる。いまのままが嫌なら、ここにはいない』と」。

改革。

そんなことは、実に簡単なように思える。

トップが決断すればいい。そして、従業員の行動パターンを変えればいい。古いやり方を捨て、新しいやり方を取り入れればいい。

簡単じゃないか。

いやいや、とんでもない。

これほどむずかしいことはないかもしれない。

ウェルチはそれを知っていた。しかし、一九八一年春にGEのCEOに就任したその日から、一貫して改革の旗をかかげてきた。

ウェルチはただひとり、一九七〇年代から八〇年代にかけ、GEが直面している危機を理解していた。

事業環境が急速に大きく変化し、GEなどの大企業が変化に対応できずに亡びていく危険があることを察知していた。

一九八〇年代初め、ビジネスの世界は大きく変わりつつあった。ハイテク産業が急成長し、世界的に競争が激化した。製品の質はどんどん向上し、それまでの生産性の基準は通用しなくなってきた。

そして、こうした動きがすべて、かつてなかったスピードで進行していた。

ほかの企業のトップは、新しい時代がくることをなかなか理解できなかった。

環境が変わったのだから、会社も変わらなければならないとわかっている経営者もいたが、なかなか決断できなかった。

改革は避けられないと、いちはやく気がついたのがウェルチだった。そして、GEを大きく変えるチャンスだと思った。

もうひとつの重要なビジネスの原則を知っていたからだ。その原則とは、

現実を直視し、ひるむな！

現実を直視しなければ、競争に勝つことはできない。

競争相手の力と市場が求めているものを正確に把握できた企業が勝つ。

現実に目をつぶる企業はかならず負ける。

勝者になるためには、毎日が一月一日のつもりで仕事にとりかかる必要がある。ウェルチは言う。

いつでも軌道を修正する心構えと意欲をもて！

4

管理はしないほどいい。

【ウェルチ語録】

組織をスリムにしていくと、誤解と障害が減り、意思の疎通がはかりやすくなった。管理職の層を少なくすると、管理職が担当する範囲が広がった。管理をうまくやろうとも思わなかった。そして、管理を減らすほど、会社はよくなっていった。

ジャック・ウェルチが自分の考え方を述べると、経済人はみな耳を傾ける。その理由のひとつは、ウェルチが指揮をとってからGEが大きく成功したことである。経済人が歴史と実績のあるGEに大変な敬意を払っていることが、もうひとつの理由である。

GEはトーマス・エジソンが設立に力を貸した企業であり、電球、航空機エンジン、機関車、医療用診断機器など、数えきれないほどの製品のメーカーとして、世界的に有名である。

忘れてならないのは、製品ラインのイノベーションばかりでなく、経営手法のイノベーションについても、GEが長い間、産業界の注目を集めてきたことである。GEが新しい経営スタイルを生み出すと、そのあとを追うアメリカ企業が続出した。

一九五〇年代に、GEが事業の権限を分散すると、「権限分散」が一大流行になった。

GEが一九六〇年代から七〇年代にかけ、巨大な官僚的機構をつくりあげたとき、ほかの企業も「大きいことはいいことだ」という考え方をこぞって受け入れた。

一九九〇年代のいま、ウェルチの経営理念に支えられ、GEはふたたびアメリカ企業のお手本になろうとしている。

ウェルチは、アメリカの経営者に、経営の新しい発想を教えている。なぜ、新しいかといえば、いかに管理しないかを問題にしているからだ。ウェルチは言う。

管理はしないほどいい。

ウェルチは、アメリカの大企業の新しい経営スタイルをつくりだしたのだ。

ウェルチが一九八〇年代から採用したやり方は、無駄な管理職を整理して、各部署のリーダーに直接語りかけることだった。

無駄な管理職を整理することを、「**ディレイヤリング（階層の削減）**」と呼んだ。

しかし、それだけでは満足しなかった。

GEの競争力を高めるために、大企業としてはそれまで考えられもしなかったほどの大改革に取り組んだ。

そのころは、まだ名前がなかった。いまでは、「**リストラクチャリング**」と呼ばれている。

リストラのパイオニアは、ウェルチだったのである。

リーダーシップの秘訣

5

事業全体をよく見渡し、どこを手直しし、
どこを強化し、どこを捨てる必要があるか、
できるだけ早く決断する。

【ウェルチ語録】

世界は急速に動いているので、コントロールは足枷《あしかせ》になる。足枷になって、変化についていけなくなる。

ジャック・ウェルチがGEのCEOに就任したのは、一九八一年四月だった。わずか十年ちょっと前のことである。そのころ、GEは危機に向かって突き進んでいたが、その危機に気づく者はほとんどいなかった。

GEの事業部門は一五〇もあったが、そのうち、市場でナンバー1、ナンバー2の地位を確保しているのは、ほんのひと握りで、電球、発電システム、モーターの三つだけだった。

海外で健闘しているのは、プラスチック、ガスタービン、航空機エンジンだけで、海外市場で首位争いをしているのは、ガスタービンだけだった。

一九七〇年代を通じ、財務基盤はしっかりしていたが、前途には暗雲がたちこめていた。

一九七〇年代後半、電気・電子機器の製造事業が全体の利益の八〇%も占めていたが、こうした事業にはすでに斜陽の兆しがみえていた。

プラスチック、医療システム、金融サービスは成功したが、こうした事業が一九八一年の利益全体に占める割合は三分の一にすぎなかった。

競争力のある事業でも航空機エンジンなど、年によって赤字に転落する事業が出てきた。

世界的な事業環境の変化についていけないことが問題だった。

アメリカはそれまで、世界経済の重要な市場を支配してきた。鉄鋼、繊維、造船、テレビ、計算機、自動車……。

しかし、いつのまにか強敵が背後にしのび寄ってきていた。とくに、低価格で高品質の製品を提供する日本の追い上げは凄まじかった。

アメリカの重厚長大産業は衰退期に入り、それを象徴する出来事が一九八二年に起こった。アメリカ鉄鋼業界が合わせて三二億ドルの赤字を計上する一方、日本鉄鋼製品のアメリカでの市場シェアが二〇％に達したのである。鉄鋼業界に起こったことが、自動車業界に起こっても不思議はなかった。

アメリカの家電業界も、太平洋の向こうから送られてくるシグナルを読み損なった。アメリカの消費者が、ビデオカセット・レコーダーを強く求めていると気がついたときには、もう遅かった。そのときはもう、日本製品が市場にあふれていた。

一九八〇年代に入ると、アメリカ経済はいちだんと病んできた。一九七一年にわずか三・四％だったインフレ率が、一九八〇年三月には一八％に達した。

そのほかにも、症状はいたるところに出てきた。

一九七一年にバレル当たりわずか一・七ドルだった原油価格は、一九八〇年には一時三九ドルまで上昇した。

一九七一年に八〇〇万台だった乗用車・トラックの生産台数は、一九八〇年には六四〇万台に落ち込んだ。

一九七九年のアメリカの生産性は、西ドイツと日本を上回り、まだ世界一だったが、一九六〇年代から伸びは鈍化していた。

一九七九年、アメリカの国民一人当たり所得は一万六六〇ドルと、OECD（経済協力開発機構）加盟国中、十位にまで落ちた。

当然かもしれないが、アメリカは一九八一年夏に景気後退に突入した。

アメリカは生産性を伸ばすだけではなく、国際競争力をつける必要もでてきた。

世界の貿易額は一九八一年に二兆ドルに達し、八〇年代には急速に拡大していくと予想されていた。しかし、ほとんどのアメリカ企業が輸出できる製品を作っていなかった。

わずか一％の企業が、アメリカの輸出総額の八〇％を占めていたのである。

アメリカ企業の一〇社のうち九社は、まったく輸出をしていなかった。

ウェルチの経営理念は、世界的な事業環境の変化に対応したものだった。

変化はゆっくりと、ほとんどだれも気がつかないうちに進んでいた。

それまでは国内市場のことだけを考えていればよかった。海外市場など取るに足りないものに思えた。ＧＥのような企業は、国内市場だけで繁栄していけた。

ところが、一九七〇年代に状況は変わった。海外市場は取るに足りないものではなく、無視できるものではなくなった。

ウェルチは状況を正しく把握していた。市場は拡大し、競争はますます激しくなる。国際的な視野をもつ新しい企業が、つぎつぎと世界の舞台に飛び出してくる。

ウェルチはこうした大きな変化をすべて、だれよりも早く察知していた。

一九八一年にＧＥの会長兼ＣＥＯに就任したとき、こう考えることもできたはずだ。

・これから指揮をとるのは、一一五年もの歴史をもつ大企業だ。アメリカの事業環境がどう変わろうと、これからもずっと電球や冷蔵庫やタービンを販売していけばいい。

・ＧＥはたくさんの事業を抱えている。経営は多角化し、安定しており、自由経済に付き物の好不況の波を乗り切れる力があるので、これからも着実に業績を伸ばしていけるだろう。

ウェルチは、現実に目をつぶることもできた
しかし、そうはしなかった

行動を起こし、会社をつくりかえるチャンスだ。一九八〇年代から九〇年代にかけ、GEがいちだんと力をつけて生まれ変わるチャンスだ――ウェルチはそう考えた。

経済と競争の荒波を乗り切るには、GEに「革命」を起こす必要があると考えたのは、ウェルチひとりだけだった。

GEのような企業が、急速な環境変化の中を生き残るには、まったく新しいビジョン、まったく新しい経営戦略が必要だった。

しかし、社内の人間も、社外の人間も、ウェルチを鼻で笑った。改革は必要ない。そのうちかならず、すべてがうまくいくようになるというのだ。

ウェルチが受け継いだのは、売上高二五〇億ドル、利益一五億ドルの大企業だった。

最初は、従業員も業界アナリストも、軽蔑と不信と恐怖の目でウェルチをみてい

た。

聖域に足を踏み入れ、壊れてもいない物を直そうとし、火遊びをしようとしているのだと……。

もし他企業の経営者が、ウェルチのように行動を起こし、ウェルチのリーダーシップの秘訣にすなおに耳を傾けていたら、一九九〇年代初めに直面した危機を回避できただろう。

ウェルチの五番目のリーダーシップの秘訣はこうだ。

事業全体をよく見渡し、どこを手直しし、どこを強化し、どこを捨てる必要があるか、できるだけ早く決断せよ！

どこを手直しする必要があるのか。ウェルチはそれをみつける天才的なカンをもっていた。

「先細りになっていく事業は、GEの中にたくさんある。アメリカ企業は内向きになり、会社の組織が官僚化している。そのときは適した組織でも、まわりの状況はどんどん変わっていく。変化のあまりの速さに、まったくついていけなくなっている」

権限を分散した組織のメリットを説く人は多かったが、それをすれば仕事が混乱するだけだとウェルチは考えていた。

組織の秩序を重視する人も多かったが、それよりも会社が官僚化して活力がなくなっていることをウェルチは嘆いていた。

命令をきちんと伝え、その実行をきちんとコントロールするには、管理職を幾重にも配置するのがよいシステムだとみんな考えていた。

しかし、ウェルチは違った。管理職がたくさんいると、貴重な時間が無駄にされ、仕事が空転し、本来の目的を見失うだけだと考えていた。

「古い組織はコントロールを土台にしているが、世界は変わった。世界は急速に動いているので、コントロールは足枷になる。足枷になって、変化についていけなくなる。自主性とコントロールのバランスは大切だが、これまでは考えられもしなかったほど、自主性に重点をおく必要がある」

ＧＥはきわめて幅広く事業をおこなっているため、海の向こうで起こっていることの影響を受けざるをえない状況にあった。

多角化の時がきた
会社の方向を変える時がきた

ウェルチはいったい何をめざしていたのか。
それは、ＧＥを世界でいちばん競争力のある企業にすることだった。

「十年後には、ユニークで、士気が高く、起業家精神に富んでいると思われる会社にしたい。どれをとっても世界一と思われる会社にしたい。世界でいちばん収益性が高く、いちばん多角化が進んでいる会社にしたい。あらゆる製品分野で、世界をリードする会社にしたい」

一九八一年四月一日、ＧＥの会長兼ＣＥＯに就任したウェルチは、会社の役員と株主を前に、こう語った。

「GEが復活できるなら、自動車、鉄鋼、銀行などの業界の大企業にも希望があるはずだ」

ウェルチの腹は決まっていた。経営理念を行動に移し、何が正しくて、何が間違っているかを試そうとした。ウェルチが理念に磨きをかけていったその後の十年間、GEはめざましい快進撃をつづけた。

6 現実に立ち向かう。

7 ひとつの行動計画に固執しない。
経営戦略として、全社に通じる明確な目標をいくつか示す。

【ウェルチ語録】
経営のコツは単純なことに行きつく。従業員、状況、製品に関する現実を把握し、その現実を踏まえて、決然と迅速に行動することだ。

会社が状況の変化に対応できなくなったら、解決策はただひとつ、思い切った改革をやるしかない。

ウェルチがおこなった抜本的な改革は、いまでは「**リストラクチャリング**」と呼ばれている。

当時、リストラは新しい発想だった。その言葉はまだ流行していなかった。それは、官僚化した組織を少し手直しし、事業をひとつ整理しようというものではない。それは、会社が直面している現実をみつめ、一から出直そうと決意することだ。根本から変える必要があり、それをしなければ会社は亡びるという確信がなければ、これだけの決断はくだせない。

しかし、決断するだけならやさしい。問題は実行である。

いまなら、だれもがリストラを唱えるが、一九八〇年代初め、そんなことはだれも考えなかった。ウェルチが成功したのをみて、みんながリストラと騒ぎだしたといってもいい。しかし、パイオニアの道はきびしかった。

CEO就任から六カ月たった一九八一年十月、ウェルチは一二〇人の会社幹部に語りかけた。自分のめざす方向を具体的に説明し、革命を起こしたいと言った。

もうこれ以上、官僚的な無駄は許されない。数字合わせの計画や予算は許されない。きびしい決断を迫られている。それを先送りすることはできないと。

「われわれの課題は、事業が問題を抱えているという現実を直視することだ。経営の上層部にいる者は、良いニュースを取り上げることもできるし、悪いニュースを取り上げることもできる。われわれは会社を背負っており、高い報酬を得ている。ここにいる全員がそうだ」

現実に立ち向かう！

この姿勢が、ウェルチのあらゆる考え方の根底にある。

言い訳はするな。なぜ自分は失敗し、ほかの人は成功したのか。その理由をいくら並べてもしかたがない。人生は不公平などと、泣き言は言うな。自分を罠に落とそうとする陰謀があるなどという馬鹿な考えは捨てろ。

ありのままの現実を受け入れろ。ウェルチはこう言っている。

「経営のコツは簡単なことに行きつく。従業員、状況、製品に関する現実を把握し、その現実を踏まえて、決然と迅速に行動することだ。

ぐずぐずと決断を遅らせ、そのうち事態は良くなると手をこまねいていたことが何度あったか、それを思い出してみよう。犯したミスの大半は、現実から目をそむけたことから起こっている。ありのままの現実を直視し、それにもとづいて行動を起こす。それが経営のすべてだ。現実をみつめ、行動を起こす。また次があると思ってはいけない。躊躇してはいけない。ただちに決断して、着手する。明確に目標をさだめ、目標に向かって突き進め」

当初、ウェルチの危機感を理解できる人はいなかった。

CEO一年目の終わりに、ウェルチはニューヨークのピエール・ホテルで、ウォール街の証券アナリストを前に講演した。GEをどう変えたいと思っているのか、おおやけの場で明らかにしたのは、このときが初めてだった。

「できるなら、いま、この場で、ポケットから封筒を取り出し、今後十年間のGE戦略をお見せするいい機会かもしれない。しかし、それはできないし、ただ体裁のために、GEのさまざまな戦略をひとまとめにして、リボンをかけるようなことはしたくない。体裁のために、多様な計画をすべて、ひとつの戦略につめこんでも意味はない。

各部門が独自に立てているさまざまな計画の推進力になるのは、中心になるひとつの戦略ではなく、ひとつの理念、つまり、八〇年代のGEの指針となり、さまざまな計画や戦略の基準となるようなひとつのコンセプトなのだ」

ウェルチは、事業ごとの細かい戦略計画にしたがってGEを経営するよりも、すべての事業に通じる目標をいくつか明確にかかげることを好んだ。従業員が、自分の判断で、目の前に訪れたチャンスをつかむことが重要なのだ。チャンスは絶対に逃してはならない。

この戦略のヒントになったのは、ベンディックス・ヘビー・ビークル・システムズ（オハイオ州エリリア）の事業開発部長、ケビン・ペッパードが、フォーチュン誌に寄稿した一文だった。ペッパードは、ウェルチがGEのような企業に必要だと考える戦略計画をうまく書き表していた。

ペッパードが注目したのは、一九世紀のプロイセンの軍事思想家、カール・フォン・クラウゼヴィッツが、古典的名著『戦争論』（一八三三年刊行）の中で、綿密に作戦を立てても、いつ何が起こるかわからず、命令を完全に実行することはできず、敵はこちらの思うとおりに動くとはかぎらないので、戦略を定式化することはできないと書いている点だった。

この考えを実戦に活かしたのが、一八六〇年代から七〇年代初期にかけ、デンマーク、オーストリア、フランスを撃破した、老将ヘルムート・フォン・モルトケ率いるプロイセン参謀本部だった。ペッパードはこう書いている。

　プロイセン参謀本部は、戦闘がはじまってしまえば、作戦どおりにはいかないことを知っていた。おおまかな目標だけを定め、予想もしなかった好機が訪れたときに、機を逃さずに攻撃することを徹底させていた。……戦略はこまごまとした行動計画ではなかった。絶えず変化する状況に応じて、中核となる考えを進化させていくことだった。

ウェルチは、GEの経営にあたり、同様の考え方を導入しようとした。戦略は進化していくものでなければならず、金科玉条のものであってはならない。

この経営手法について、考えてみよう。少しわかりにくいかもしれない。ウェルチは、一九九〇年代のビジネス・リーダーにこう問いかけている。

ビジネスで成功したいと思うか。
思うに違いない。
だれもが、そう思っている。
成功への道筋を教えてくれと言われても困る。
しかし、それほどむずかしいことではない。
細かいことには、とらわれないことだ。
目標をはっきり定め、従業員がそれぞれの目標に向かって邁進するようにすればいい。
そして、もうひとつ大切なことがある。
現実を直視することだ。
うまくいっていないときに、うまくいっている振りをするのはよせ。
時がすべてを解決してくれると思うな。
現実に目をつぶるな。

8

ナンバー1かナンバー2をめざす。

【ウェルチ語録】

低成長の環境下で勝利を手にするのは、有望な市場を見つけ出して参入し、参入したすべての分野で、ナンバー1かナンバー2になることをめざす企業である。

ジャック・ウェルチは、作戦計画と経営戦略を着実に展開させていき、これを「ナンバー1かナンバー2」戦略と称した。GEの社員で、この言葉を知らない者はいない。

ウェルチは、GEのCEOになるとすぐに、一九八〇年代は、インフレが最大の敵になると確信した。

インフレのために、世界的に経済成長が鈍化すると考えた。

「ありふれた製品やサービスを提供する企業、二流の企業が生き残れる余地はない。

低成長の環境下で勝利を手にするのは、有望な市場を見つけ出して参入し、参入したすべての分野で、ナンバー1かナンバー2になることをめざす企業である。合理化面、コスト面、品質面、どれをとっても世界で一位か二位で、他社にはない技術をもち、市場で圧倒的な優位を保てる企業だけが生き残れる」

市場で圧倒的な優位を保てないとき、その企業はどうなるか。ウェルチの答えはこうだ。

「ナンバー1でもナンバー2でもなく、他社に抜きんでた技術力がなく、その見込みさえないときは、経営の神様といわれるピーター・ドラッカーが突きつけた厳しい質問を、みずからに問いかけてみなければならない。

〈いまその事業をおこなっていないと仮定すれば、これからその事業をはじめる気があるか〉

答えがノーならば、次のむずかしい質問に答えなければならない。

〈その事業をどうすればいいのか〉

伝統、感傷、経営者自身の無力など、理由がなんであれ、一九八〇年代にその答えを出さず、何も手を打たない経営者と企業は、一九九〇年には姿を消しているだろう。

一九四五年から七〇年の高度成長期に、フォーチュン五〇〇に入っていた企業の半分近くが、吸収合併か倒産で姿を消し、あるいは業績の伸び悩みで番付から消えたことを忘れてはならない。

ナンバー1かナンバー2になる。これは目標ではなく、条件である。これを条件に取捨選択をすれば、われわれの事業は八〇年代末に、競争が伯仲する世界市場で、一頭地抜け出しているだろう」

競争激化の事業環境を考えると、「ナンバー1かナンバー2になる」ということは、ウェルチのお気に入りの言葉を使えば、「勝者」になれる事業だけに的をしぼり、それを育成していくということになる。

勝者になるということは、利益を増やすということである。もはやGEに、黒字になるか赤字になるかわからない事業を続けていくぜいたくは許されない。

第二次大戦後、好況に沸いた一九五〇年代と六〇年代、GEのような企業は、景気の波を楽に乗り切ることができた。一部の事業が不振のときでも、ほかの事業の成長がそれを補っていたからだ。

しかし、一九八〇年代、九〇年代になると、外国企業との競争が激化したため、雨宿りをしていれば、すぐにまたいい天気になると呑気なことは言っていられなくなった。天気が崩れれば、かならず暴風雨になり、それは深い爪痕を残し、すべての事業が一瞬にしてなぎ倒されてしまうおそれさえ出てきた。

ウェルチの事業戦略は並外れたものだった。事業をやるからには、市場を支配しなければならない。大企業は、すべての事業で市場を支配しなければならない。

ウェルチがCEOに就任したとき、GEの事業は三五〇に分かれ、四三の戦略事業単位にまとめられていた。これほど多種多様な事業をおこなっているアメリカ企業はほとんどなかった。それだけ多様化した企業でも、GEのように、どれもこれも強いという企業はなかった。

ウェルチは、きわめて簡潔にこう言った。

「他社を圧倒する見込みのある事業でだけ競争しよう」

一九九〇年代のビジネス・リーダーは、次のような質問をするだろう。

市場を支配する事業をひとつも育成できなければどうなるのか。

こういう疑問をいだくのは、きわめて当然である。しかしこれは、ウェルチにとって意味のない質問ではある。ウェルチはこう問いかけているのである。

市場を支配する事業をつくりだすために、何ができるか。

ウェルチはあくまで前向き思考なのである。個々の事業について、育成する価値があるのかないのか。その厳しい決断をくださなければならない。競争を勝ち抜かなければならない。競争相手がいま、何をしようとしているのか、それをつかまなければならない。

会社が大きいかどうかは、問題ではない。GEより大きな企業など、そうあるものではない。しかし、それは問題ではない。成否を左右するのは、会社の規模ではない。大切なのは、ビジョンをつくりあげ、従業員が全員、そのビジョンを共有することである。

それをやれば、市場を支配する道がひらける。

ただ、幻想をいだいてはいけない。道はひらけても、道は平坦ではない。

ウェルチにとっても、平坦な道ではなかった。一九八〇年代初め、いちばん見込みがある事業だけに的をしぼり、ほかは切り捨てようというウェルチのビジョンは、GEの古株からはまったく馬鹿にされた。しかし、そんなことにかまっている暇はなかった。ウェルチは、ゲームのルールを変えようとしていた。

GEでは、業績を新しい基準にしようと、考えていたのである。

決断がどんなにつらくても、選択の余地はないと、ウェルチは思った。

しかし、象をカモシカにしなければならないのだ。ぜい肉を削ぎ落とさなければならない。

会社をつくりなおす必要がある。大がかりなダイエットをしなければならない。かならず強い反発がある。それは覚悟していた。

疑心暗鬼になった従業員の抵抗にあいながら、ウェルチは信念を曲げなかった。気が狂ったのではないか。ことを急ぎすぎる。会社を再構築する必要などまったくない。ウェルチは誠実さに欠ける。傲慢だ。会社の歴史をまったくわかっていない……そんな批判が次々に飛び出した。

ウェルチはこうした反発にも屈しなかった。ウォール街に新しいメッセージを送ろうと決意していた。

・GEは、てんでんばらばらの事業を寄せ集めただけのコングロマリットではない。

・GEは、はっきりした目的をもち、どこに重点をおくべきかを知っている。

・自分のビジョンがすぐに実行に移されれば、GEは、世界でもっとも競争力のある企業になるという目標に向かって、大きく前進する。

市場でナンバー1かナンバー2になるという意気込みは結構だが、成長の見込みがない成熟した時代遅れの事業を切り捨てる用意がほんとうにあるのか。

起業家精神が旺盛な企業に生まれ変わるというが、どうやってそうするのか。長い間にすっかりしみついてしまった「ことなかれ主義」を、どうやって克服するのか。

こうした疑問に対し、ウェルチは答えをもっていた。しかしその前に、肥大化して小回りのきかなくなったGEの体質を自分が変えていくことを、ウォール街に信じてもらわなければならない。

それまでGEが事業の的をしぼって経営をおこなっているとは思えなかった。原子炉、電子オーブン、ロボット、半導体など、実にさまざまな製品を作っていた。リゾート・マンションの経営、オーストラリアからのコークス輸入まで手がけていた。

これだけ手を広げると、どの事業でもすばらしい業績をあげることなど不可能に近い。

半面、会社全体が景気サイクルの影響をもろに受けないというメリットもある。GEは当時、景気後退に何度も直面しながら、四半期単位で二十六期連続の増益を記録していた。

しかし、GEはいったい何を作っている会社なのか、将来はどうなるのか、投資家にはわかりにくかった。

この問題をどうにかする必要があると、ウェルチは決意したのである。

9
手遅れになる前に、ダウンサイジングに取り組む。

10
会社をどう変えるか決定するにあたって、聖域はない。

11
市場での競争は、戦うことが目的ではない。
戦う以上、勝つことが目的である。
勝てなければ、撤退する。

【ウェルチ語録】
これらが、ほんとうに育成したい事業で、21世紀に繁栄する事業である。これら以外の事業は、これ以上は力を入れないほうがいい事業である。

ウェルチは選択の余地がないことを知っていた。苦しい決断を迫られることはわかっていた。しかし、GEは、強く、攻撃的に生まれ変わらなければならない。そのためには、会社を再編するだけでは不十分で、会社の規模を思い切って縮小しなければならない。

一九八〇年代初め、アメリカの経営者の中で、危機に瀕していない会社をダウンサイジングしようと決意したのは、ウェルチひとりだけだった。

ぞっとするような言葉ダウンサイジング

ダウンサイジングには苦痛がともなう。

多くの人が職を失い、収入を失う。

これは、まったく新しい発想だった。それまでは、どんなに経営が苦しくても、社員の首を切るというのは、もうそれ以外に生き残る道はないという最後の手段だった。

従来の考え方からすれば、ダウンサイジングは白旗をかかげるのも同然だった。経営難が深刻であること、社会的責任を放棄することを、世間に示すのだから、最後の最後まで、ダウンサイジングは避けるのが常識だった。

一九六〇年代と七〇年代、そう簡単に社員の首は切れなかった。労働者は幾重にも保護されていた。

二〇世紀に、労働組合がアメリカ人の心に刻み込んだ大原則は、だれもが職を確保する権利があるというものだった。

この原則は、アメリカに深く根をおろしていた。だれもが働く権利をもっている。首にされない権利をもっている。

ワシントンの政治家は、雇用のほうが会社の業績より重要だと思っていたので、雇用を確保するために猛然と圧力をかけた。

職を失う心配がなければ、従業員の生産性は上がるというのが、経営者の常識でもあった。

しかしウェルチは、従業員の職を保障することは、会社の衰退につながると考えた。

従業員の職を無条件に保障すれば、**GEはそのコストで押しつぶされてしまう。**

何をすべきか。

GEの最大の競争相手は、自社よりも高い生産性の伸びを達成している外国企業なのだ。

競争相手に負けないくらい生産性を伸ばすには、できれば、競争相手以上に生産性を伸ばすには、生産設備を改善し、人員を削減して事業を合理化しなければならない。そうしなければ競争には生き残れない。

もはや、終身雇用を保障するのは不可能だ。

これは衝撃的なことだった。アメリカの大企業のなかで、ウェルチの会社再生のビジョンを理解できたところはひとつもなかった。ウェルチのように、大ナタをふるおうとした経営者はひとりもいなかった。ウェルチを擁護しようとした経営者はひとりもいなかった。

ウェルチがやろうとしたことは、GEの従業員を何万人も解雇することだった。当然のことながら、従業員にあまりにも冷酷だという非難が集中した。

しかし、この大手術をしなければ、GEは良くならないと、ウェルチは信じていた。

従業員にこれだけの苦痛を強いるほど、この革命に意味があるのかと、迷うことはなかった。

従業員にひきつづき雇用を保障する義務があるとは考えなかった。それはとるべき道ではない。自分の仕事は、人々を幸せにすることだ。会社の利益をできるだけ増やすことだ。

ウェルチの革命は、新しい原則をかかげてスタートした。

聖域はない。

それまで、GEにあるものは人も物もほとんど、GEで育ってきた。会社創設から第二次世界大戦終結まで、GEの事業の大半は、手作りでつくりあげてきたものだった。

それがGEの強さの秘訣だと考えられていた。一〇〇年を超える歴史をもつと、大きな誇りが生まれてくる。

しかし、その誇りが、自己満足の文化をつくりあげていった。ほとんどの従業員が、若くして入社し、出世の階段をあがっていく。ほとんど社内の人間としか話をしない。ほかの会社がやっていることなど、すべてくだらないものだと思い込むようになる。

しかし、会社の中だけをみていればいい時代は終わった。

新しい世界に飛び出さなければならない時代が来た。

生産性の低い事業、管理職、従業員は整理しなければならない。

生産性の高い事業、管理職、従業員の新しい血を注入しなければならない。

これが、「**リストラクチャリング**」と呼ばれる大胆な新戦略の要諦だった。

GE内には当初、強い不信感があった。

次のような疑問がふきだしてきた。

なぜ、ナンバー1か2でなければいけないのか。

なぜ、ナンバー3か4であってはいけないのか。

いまはナンバー1か2でなくても、今後一〇年間に大きく発展するかもしれない事業もあるのではないか。

ウェルチは答えを用意しており、冷静にこう言った。過去の景気サイクルを振り返ってみると、不況の打撃を受けるのは、ナンバー3か4か5か6の事業である。不況になっても、ナンバー1か2の事業は市場シェアを失わない。その理由は二つある。

・リーダーの地位を確立しているので、強気の価格政策をとれる。

・地位が安定しているので、新製品を生み出す経営資源をもっている。

自社の事業はナンバー3か4だと思っても、それは国内市場だけの話で、世界的にみれば、ナンバー7か8であることが多い。

ウェルチは自分の経験に照らして、ナンバー1か2の企業と、ナンバー3以下の企業との違いをこう説明している。

「わたしは、ナンバー1か2の事業に取り組んだこともあれば、ナンバー4か5の事業を手がけたこともあるので、その違いがよくわかる。……市場のリーダーだった事業もあったし、リーダーのあとについていくだけの事業もあった。ナンバー1か2の事業と、ナンバー3以下の事業の差は歴然としている。ナンバー3以下の事業は、九〇年代の世界的な競争を勝ち抜いていくだけの、経営資源もスタミナもパワーももっていない」

「ナンバー1か2」のアプローチが、どうにも納得できない人たちもいた。ウェルチは自分の尺度だけで判断し、今後一〇年間に大きく発展する可能性がある事業を切り捨てようとしているのではないか。

ニューヨーク州スケネクタディの工場に勤務するエンジニア、マーク・マーコビッツは、フォーチュン誌の編集長宛ての手紙で、この点をつぎのように指摘している。

●80年代初頭にウェルチ会長が掲げた三つの円のコンセプト

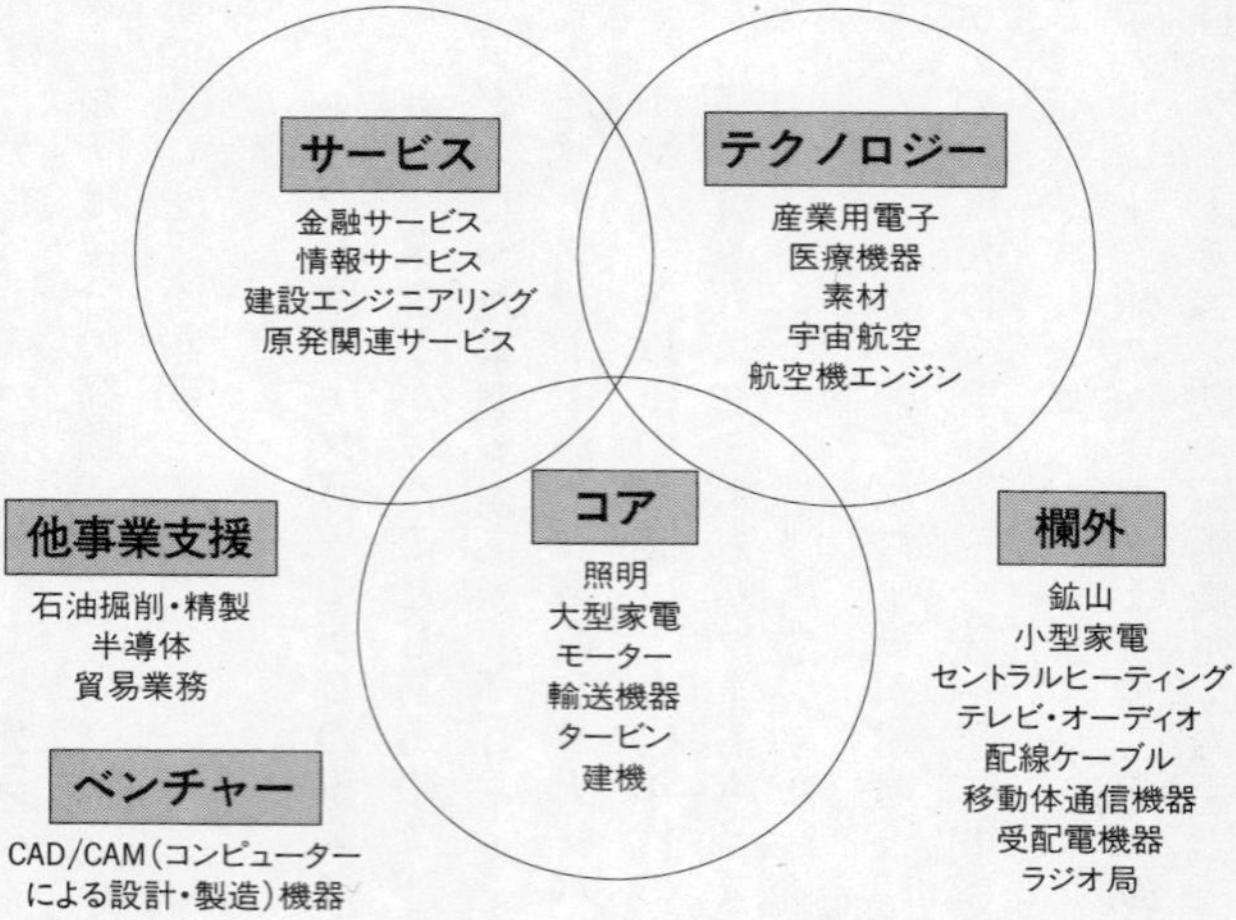

出所：日経ビジネス1994年2月21日号

ラルフ・コーディナー、フレッド・ボーチ、レジナルド・ジョーンズといったジャック・ウェルチの前任者は、航空機エンジン、ガスタービン、プラスチックの事業を育てたが、それらはいずれも最初は規模が小さく、採算のとれない事業だった。ウェルチのナンバー1か2という基準を採用していれば、こうした事業ははたして生き残れただろうか。

こうした非難にも、ウェルチは動じなかった。一九八二年初め、ウェルチはメモ帳と鉛筆を取り出し、**「三つの円」**を描いた。

「これが、ほんとうに育成したい事業であり、これが、二一世紀に有望な事業である。それは、三つの円の中に入っている事業だ。円の外にあるのは、これ以上は力を入れないほうがいい事業である」

第一の円に入っているのが中核（コア）事業、第二の円に入っているのがハイテク（テクノロジー）事業、第三の円に入っているのがサービス事業だった。

三つの円に入っている事業には、会社の経営資源を注ぎ込む。入っていない事業には、注ぎ込まない。ウェルチのビジョンは具体的になり、焦点が明確になってきた。

GEは今後どうなるのか。それを知りたい人は、どの事業が円の中にあり、どの事業が円の外にあるかをみればよい。

三つの円の中には、一五の事業が入っていた。一九八〇年代から九〇年代前半にかけ、大きく発展する可能性が高いとウェルチが判断した事業である。一九八四年の決算をみると、この一五の事業が、利益全体の九〇％を占めている。

外された事業は、永遠に円の中に戻れないわけではなく、また、外で安住できるわけでもない。

「再建か、閉鎖か、売却か」

それが、ウェルチのモットーだった。

それが、円の外にある事業に対する戦略になった。再建に成功した事業は、円の中に戻れるのである。

しかし、GEよりもその事業を経営したいと思っている企業に、円の外にある事業を売却することもありうる。ウェルチは、三つの円を描いた目的をこう説明している。

「わたしが競争を恐れていると言う人もいる。わたしの考えはこうだ。乱打戦から身を引き、勝ち残れる場所を探すことが、経営者の仕事のひとつである。基本的な目標は、弱点を取り除き、だれにも攻撃されない堅牢な城をみつけることだ。戦うことが目的ではない。戦う以上、勝つことが目的である。だから、勝てなければ、撤退しなければならない」

三つの円は、一九八〇年代初期を航海する羅針盤だった。GEはがらくたを寄せ集めたコングロマリットにすぎないという外部の声もあった。GEの針路を明確にするために、ウェルチは三つの円を羅針盤にしたのである。

それでは、ウェルチは何を基準に、円の中に残すか外すかを決めたのだろう。

「わたしは厳しい競争をみつめながら、それぞれの事業が市場でどの位置にあるかを考えた。

競争を勝ち抜けるどんな力をもっているか。

どんな弱点があるか。

どんなに努力しても、一年後か二年後に敗れるとしたら、競争する意味はない。

競争条件を変えるために、何ができるだろうか。

事業ひとつひとつについて、世界の競争状況、市場の規模、競争相手、世界の市場シェアを把握する必要がある。そうすれば、どのような戦いになるかがはっきりわかる。そのうえで、責任者にこう質問してみる。

過去二年間、競争上の相対的な地位を改善するために、何か手を打ったか。

過去二年間、どのような対策を打ち出し、その結果、競争条件がどれだけ改善したか。

今後二年間、競争条件を改善するために、どのような思い切った対策を打ち出すことができるか。

ゲームを変えてしまいかねない市場環境の変化について、もっとも懸念されることは何か。

それだけわかれば十分である。形勢が明らかに不利なら、敗北を覚悟する必要がある。切り札がなく、次に打つ手を考えられないのであれば、ゲームから降りなければならない」

ウェルチの三つの円の内容を聞いて、会社中が騒然となった。

三つの円に入ったのは、次の事業だった。

①サービス事業

GEクレジット・コーポレーション（金融サービス）

情報サービス

建設エンジニアリング

原発関連サービス

②ハイテク事業（テクノロジー）
産業用エレクトロニクス
医療機器
各種素材
宇宙航空
航空機エンジン
③中核事業（コア）
照明
大型家電
モーター
輸送機器
タービン
建設機械
範囲外
小型家電
セントラル・ヒーティング

テレビ・オーディオ
ケーブル
移動体通信機器
配電
ラジオ局
ラッド（石油掘削・精製）
半導体
貿易業務
ユタ・インターナショナル（採鉱）
カルマ（CAD／CAM機器）

範囲外のうち、今日まで残っている事業はほとんどない。

三つの円は、GEはコングロマリットにすぎないという非難に対するウェルチの挑戦状だった。

幸運にも円の中に入った部門の人々は、ほっとした。しかし、円から外れた部門の人たちが、不安にかられたのは当然である。

外れた人たちは、ウェルチから明確なメッセージを受け取ったと思った。円の中に入るよう、懸命に努力しろというメッセージではなく、その事業は売却するというメッセージだと受け止めたのである。

「ナンバー1か2」の戦略は、ウェルチがいう「**ソフトの価値**」を実現しなければ、うまくいかない。

ソフトの価値とは何か。

現実

優秀・卓越

人間的要素

現実とは、「こうであればいいと願う現実、こうあってほしいと思う現実」ではなく、「ありのままの現実」をGEの従業員がみつめることである。

優秀・卓越とは、「自分の限界を試し、場合によっては、それまで自分の能力の限界と考えていた以上の仕事をやること」である。

人間的要素とは、「新しいことに果敢に挑戦すること」である。

この価値を追求していけば、会社の「**士気が高まり**」「**適応力が強まり**」「**俊敏になる**」。

ウェルチは、はるかに規模が小さい会社よりももっとすばやく変化に対応できる会社にGEを変えたかった。

リストラの着手に対する反発は強く、ジャック・ウェルチは、「中性子ジャック」というあだ名をつけられた。建物を残して、中にいる人間だけを殺傷する中性子爆弾のような男だというのである。それではまるで従業員に卑劣なことをやったように聞こえるので、ウェルチはこのあだ名を嫌い、事実に反すると憤慨した。

このあだ名は、長くウェルチにつきまとった。従業員の生活のことなど眼中になく、ひたすら会社の利益だけを考えている冷酷非情な経営者だと、マスコミは書き立てた。

ウェルチは怒りを抑え、こう反論している。

「ひどい言い方だと思う。卑劣な中傷だ。従業員をレイオフするときには、前例のない多額の退職金を出しているのに、『中性子ジャック』と呼ばれるとは……」

ウェルチは、会社を去る人たちのつらさを痛いほどわかっていた。しかし、熾烈な競争を勝ち抜くには、GEを福祉社会にするのではなく、強固で無駄がなく俊敏に動ける会社に生まれ変わらせる以外に道はないと信じていた。福祉社会はやがては停滞する。スリムで俊敏な会社になれば、生き残るチャンスがある。

ダウンサイジングと三つの円の考え方は、どうすれば会社を立て直せるかと考えているすべての経営者に、大きなヒントになる。

ウェルチはこう言っている。

・事業をしっかりとみつめよう。コスト削減のために大きな決断をすることを恐れてはならない。
・どの従業員が、どの事業が、ほんとうに必要なのか、必要でないのかを見極めよう。
・そして、どんなにつらいものでも、自分がくだした決定の影響について、感情をさしはさんではいけない。
・躊躇するな。決断が速ければ速いほど、自分と会社にとってプラスになる。

リーダーシップの秘訣

12

文化をつくり、ひろめる。

【ウェルチ語録】

わたしは、クロトンビル（経営開発研究所）とクロトンビルのプロセスを使って、この会社に文化革命を起こしたい。

ジャック・ウェルチは初めから、経営理念を打ち出すだけでは不十分だと知っていた。自分の理念を、GEのできるだけ多くの社員に理解してもらうことが重要だった。それでもまだ、革命を起こすには十分ではない。

できるだけ多くの社員、できれば社員全員の心がひとつにならなければならない。それも、できるだけ早いうちにである。

これは、一九九〇年代のビジネス・リーダーにとって、貴重な教訓である。すばらしい理念は大歓迎。すばらしいスピーチも結構。しかし、理念とスピーチだけでは、ことは進まない。自分のメッセージを広く確実に伝えなければならない。

ウェルチがどうやったかというと、ニューヨークのクロトンビルにあるGEの経営開発研究所を通じて、メッセージを伝えていった。これは、明日のビジネス・リーダーになろうという人に、大いに参考になる。ウェルチが何をやったか、簡単に紹介してみよう。

ウェルチはCEOになったとき、経営開発研究所を閉鎖することもできた。コストがかかりすぎる。過去のことばかり研究しても意味はない。そう判断することもありえた。

しかし、ウェルチはそれを閉鎖せず、自分の目的達成のために利用することにした。前任者がそう思ったように、ウェルチもまた、CEOのメッセージを伝えるには、経営開発研究所が絶好の場所になると考えた。

ほかの分野の経費は削減したが、この研究所の経費は削らなかった。削るどころか、建物の新築や改良などに、四五〇〇万ドルを投資した。

反対の声もあったが、ウェルチは無視した。GEの生産性をもっと高め、ぜい肉をもっと削りたかった。

そのためには、管理職研修制度を充実させ、それを土台にして目標に向けて進むのが最善の方法だと判断したのである。

フォーチュン誌は、クロトンビルを「アメリカ株式会社のハーバード」と呼んだ。

クロトンビルの研究所は、大学のキャンパスと変わらなかった。

クロトンビルの研究所は、一九五〇年代のGEの会長兼CEO、ラルフ・コーディナーの発案で、一九五六年初めに設立された。当時は、権限分散がGEの事業戦略の柱になっており、その方針に沿って、幹部候補を育成するいわば士官学校であった。

のちに、コーディナーの後任者であるフレッド・ボーチとレジナルド・ジョーンズが、戦略立案の能力を育てる研修センターに変えた。

ここのセミナーのために編纂されたオリジナルのテキストは、実業界のバイブルになった。クロトンビル草創期の「教授たち」が、経営についてまとめた全八巻のテキスト、通称「ブルーブックス」である。

ウェルチはCEOに就任すると、すぐにこう言った。

「クロトンビルとクロトンビルのプロセスを使って、この会社に文化革命を起こしたい」

一五四ページもあるカリキュラムに目を通し、どんなコースがあるのかをながめれば、ビジネス・スクールだと思う人もあるかもしれない。

経営入門
経営上級
上級財務管理
上級情報技術管理
上級マーケティング管理
創造的思考の実践と対人コミュニケーション……

しかし、単なるビジネス・スクールではなかった。

ウェルチの理念をGEの上から下まで浸透させていく場所だった。ウェルチを含め、上級幹部が、会社にいま何が起こっているかを知る場所だった。シティコープの前会長で、GEの現取締役であるウォルター・リストンは、ジャック・ウェルチにこう言ったことがある。

ジャック、忘れてはならないことがある。会社の中で、やらなければならない重大なことがあっても、それを知るのはいつも、きみがいちばん最後になる。ほかの人はみんな、すでに知っているものだ。

ウェルチは、GEに何が起こっているか、それに気づくいちばん最後の人間にならないように、クロトンビルを使っている。

月に一度はクロトンビルを訪ね、スピーチをしたり、質問に答えたりしている。クロトンビル、とくに「**ピット**」にあふれる活気が気に入っている。

ピットというのはレクチャーホールで、クロトンビルの目的はすべて、ここに集約されていると言ってもいい。大学の階段教室のような造りになっているため、講師は聴講生を見上げることになり、すり鉢の底にいるような感じがする。

質疑応答が活発におこなわれるようにするのが狙いである。

GEの幹部が、自分の考えを主張し、ウェルチをはじめ経営陣と論議する場所が、このピットなのである。

ウェルチはこのピットに来て、壮大な理念を語り、社員と論議しているときが、もっとも生き生きしている。

自分の考え方を社員に理解してもらう絶好のチャンスである。社員が何で苦しんでいるのかを知るのに、またとない機会である。

ピットで対話をする目的は、盲目的な服従をなくすことである。自信をもって反対意見を述べてもらうことだ。社員が堂々と自分の意見を述べられるのは、社員が講師を見下ろし、講師が社員を見上げる構造になっていることにも一因がある。

ウェルチがもつ強力な武器のひとつに、「**率直さ**」がある。

ウェルチはクロトンビルで、その武器を使っている。討議の内容が外にもれることなく、参加者が自由に意見を述べられるように、報道陣、証券アナリスト、コンサルタントはすべて閉め出している（しかし、著者は特別待遇を受け、中をのぞかせてもらった）。

一方向の話で終わらないよう、参加者には全員、一ページの評価表が配られる。参加者はその評価欄に記入し、次の三つの質問に答えなければならない。

・どこが建設的であり、どの論点が明確であったか。
・どの論点が、不明瞭でわかりにくかったか。
・このセッションで得たもっとも重要なものは何か。

クロトンビルは閉鎖された空間ではない。プロセスである。ここで学んだことを現場に持ちかえって、仕事に活かしていくのだ。

クロトンビルのジム・ボーマン所長は、そのプロセスをこう語っている。

あるときは演壇、あるときは情報収集の場所、あるときは討論会場、あるときは愚痴をこぼすところ……。このプロセスがあるから、ウェルチだけでなく、歴代のCEOがすべて、会社の現状をつねに把握しておくことができた。

最初にやりたいのは、士気の高いチームをつくり育てることだ。それが、リーダーシップである。自分は動かずに命令するのが、リーダーシップではない。リーダーシップとは、ビジョンをかかげ、ビジョンを中心に士気の高いチームをつくりあげる能力である。そのチームが、明日のGEを背負って立つ。

ビジネス・リーダーには、クロトンビルのような場所が必要である。クロトンビルのような広大なキャンパスやすばらしいレクリエーション施設をもつ必要はない。しかし、自分のメッセージを会社の隅々に伝えたいと思うなら、大勢の従業員と容易にすばやく意思の疎通をはかれるなんらかの手段を見つけ出す必要がある。ビジョンをかかげることが重要だ。それと同じくらい、ビジョンを従業員に理解してもらうことが重要である。

これが、クロトンビルに象徴されるリーダーシップの秘訣である。

13 過去にとらわれず、変化に心をひらく。

14 計画をたえず見直し、必要なら書き直す。

【ウェルチ語録】

21世紀は、トースターの時代か、ＣＴスキャナーの時代か。それを考えてほしい。付加価値の高い製品を売らなければ、国際競争を生き残れない。

ウェルチにとって、「管理」は過去の言葉である。そして、ウェルチは過去が好きではない。

ウェルチが考える経営者とは、管理者ではなく、**リーダー**である。

ウェルチは、「**ビジネス・リーダー**」という言葉を好んで使う。

ウェルチにとって、伝統はつねに過去のものである。過去はどうでもいい。過去の習慣や態度は、現在、なんの意味ももたない。

会社の伝統に縛られたくないと思う人が、GEを発展させていく。ウェルチにとって、誇り高き歴史などどうでもよかった。

ひとことで言えば、過去の栄光に酔いしれる会社にはしたくなかった。

過去は終わったのである。


「過ぎ去ったことは、もうどうにもできない。正しかろうと間違っていようと、良かろうと悪かろうと、どうにもできない。過去から学ぶものはあるが、たいして役には立たない。わたしは明日に生きる人間であり、昨日から抜け出そうと懸命に努力する人間である」

過去、GEにとって正しかったことが、現在も正しいとはかぎらない。自分が成功するかどうかは、会社の伝統をどれだけ尊重するかではなく、会社と従業員を生まれ変わらせることができるかどうかにかかっている。ウェルチはそう信じていた。

人材の育成は、会社の育成と同じくらい重要である。たとえば、GEでは昔、会社の幹部は自分の力で問題を解決しようとしなかった。問題の報告書作りに熱中していただけだった。

問題が消えてなくなるまで、あるいは、もっと深刻な問題が出てくるまで、えんえんと会議がくりかえされるだけだった。

ウェルチはこうした方法をとらなかった。

ウェルチにとって、会社は、ホッケー・リンクやゴルフ場と同じものだった。ホッケーやゴルフは、勝つためにやる。ビジネスも同じだ。

地球上でもっとも競争力のある企業をつくりあげる仕事に全力をそそぐ男は、自分と戦わなければならない。

その目的を達成するには、強靭な精神が必要になる。

旧習に安住してしまうのを避けるには、つねに変化を受け入れる姿勢をとっていなくてはならない。

ウェルチはＧＥに革命を起こそうとした。しかし、単に古いやり方から自分のやり方に変えるのは、会社のためにならない。自分のやり方という硬直したパターンが定着するだけの話だ。

計画をたえず見直し、必要とあれば書き直せ！

自分が正しいと信じたことでも、間違っていることがわかったら、すぐに撤回しなければならない。経営者は、ときに、その日が初日のような気持ちで仕事に取り組み、改善のために、どこをどう変えられるかを懸命に考えなければならない。過去を忘れ、将来に全力を集中するウェルチの姿勢がいかんなく発揮されたのが、一九八三年の小型家電部門の売却だった。

ＧＥの従業員にとって、これほどつらいことはなかった。

しかし、ウェルチは躊躇しなかった。

トースター、アイロン、扇風機の部門を売却することは、会社の遺産を売り払うに等しいという批判があった。ＧＥの名前が全米で知られるようになったのは、こうした家電製品のおかげだった。

ＧＥの照明部門、大型家電部門は大きな利益をあげていた。これらに対し、小型家電部門は低迷していたが、ＧＥには欠かせない事業だと考えられていた。主婦がトースターやコーヒーポットやアイロンを買うたびに、消費者と会社の絆が強まるからだ。

レジナルド・ジョーンズ前会長はこう語っている。

照明器具と大型家電のギャップを埋めるために、小型家電が必要だといつも感じていた。主婦が小売店に入って、GEの製品をすぐに見つけられるようにしなければならない。

業績がもっとよければ、問題点は見過ごされていたかもしれない。しかし、小型家電事業の業績は低迷していたので、いろいろとボロが出てきた。一九七〇年代後半に小型家電事業の責任者だったポール・ヴァン・オーデンは、消費者がどんな点に不満をもっていたかを、次のように語っている。

毛布は焦げ、ミキサーは壊れ、コーヒーメーカーには火がついてしまった。オーブントースターはとんでもない代物で、オーブンと呼べるようなものではない。中まで火が通らず、ちゃんと焼けない。肉をこんがり焼けない。

小型家電事業を売却する決定が、みんなに歓迎されるはずもなかったが、ウェルチは予想以上の強い反発に驚いた。

小型家電事業といえば、GEの柱だった。クロトンビルのジム・ボーマンは、当時をこう回想している。

小型家電から撤退するなんて、そんな馬鹿な。そんなことが許されるわけがない。小型家電はGEの伝統だ。そういう声が多かった。それに対するウェルチの答えはこうだった。

「二十一世紀は、トースターの時代か、それともCTスキャナーの時代か。それを考えてほしい。付加価値の高い製品を売らなければ、国際競争を生き残れない」

小型家電事業はたしかにGEの柱だった。しかし、将来性はない。広報担当の副社長、ジョイス・ハーゲンハンはこう語っている。

小型家電のような事業では、われわれの力は失われた。ヘアドライヤーのすばらしい新製品を作っても、二カ月もたてば、中東にいる人たちは、もっと安い値段で同じものを手に入れられるようになる。その手の製品は、いくらでも真似ができるからだ。GEの強さは、技術力にある。技術開発力とそれを支える資金力にある。小型家電のような事業では、その強さをまったく発揮できない。

現CEOのウェルチが、前CEOのジョーンズに、小型家電事業の売却をどう思うかと聞いたとき、ちょっとした論争が起こった。消費者との絆が弱まり、照明事業、大型家電事業にも悪影響が出ると、ジョーンズは反対した。

ウェルチは、事前におこなったマーケティング調査をもちだした。GEが小型家電を作らなくなっても、消費者はGEの電球や電気製品を買いに行くという結果が出ていたのだ。

そのあとの推移をみれば、正しかったのはウェルチのほうだった。小型家電からの撤退は、GEのほかの事業になんの影響も与えなかった。

この場合、ナンバー1か2かという基準だけでは十分ではなかった。小型家電は圧倒的な市場シェアを確保していた。しかし、ウェルチの目には、それが大きな問題点に映った。将来性のない事業だと映ったのである。

それは過去の事業だった。GEの伝統に深く根ざした事業だった。

しかし、事業の効率は悪い。

ウェルチはこう考えていた。

計画を見直してみよう。小型家電は過去の計画だった。だから、計画を書き直し、小型家電をはずそう。

どの企業にも、この「小型家電」に相当する部門があるはずだ。会社のだれもが愛着をもち、それがあるのが当たり前だと思い、手をつけてはいけないと考えている部門があるはずだ。

自分に問いかけてみよう。なぜ、そんなに過去にこだわるのかと。

こう答える人がいるだろう。

何も手をつけないほうが楽だから。変えることは苦労が多いから。

そのとおり。変えることはむずかしい。しかし、ウェルチの「リーダーシップの秘訣13」を思い出してほしい。

過去にとらわれるな。変化に心をひらけ。

この言葉を肝に銘じておこう。

ウェルチの経営理念について、じっくり考えてみるとき、この言葉をつねに心の片隅においておこう。

15

理念を伝え、経営資源を配分したら、
あとは邪魔しないようにする。

16

従業員全員に、意思決定に必要な情報をすべて与える。

17

従業員が自分の能力を伸ばし、
いつでも何かを学ぶことができ、
視野をひろげられるような環境をつくる。

【ウェルチ語録】
ビジネスを実際以上にむずかしく考えたがる人が多い。なにも宇宙にロケットを飛ばそうという話ではない。われわれは、ずいぶん楽な仕事を選んだほうだ。

ビジネスは簡単。

それが、ウェルチの経営理論の出発点である。

「ビジネスは簡単だ。それをむずかしく考えようとする人は、何をやってもモノにならない。

ビジネスを実際以上にむずかしく考えたがる人が多い。なにも宇宙にロケットを飛ばそうという話ではない。われわれは、ずいぶん楽な仕事を選んだほうだ。世界的な事業だからといっても、手ごわい競争相手は三社か四社しかない。そして、それがどんな会社なのかは、わかっている。自分にできないことなど、そうたくさんあるものではない。二〇〇〇もの選択肢の中から何かを選ぶという話ではない。

わたしは、ビジネスについては、きわめて単純な考え方をしている。部屋に六人いて、だれもが同じ情報をもっているとすれば、まず、六人すべてが、ほぼ同じ結論にたどりつく。問題は、もっている情報がちがうことである。だれかが知っていることを、だれかは知らない。ビジネスは複雑ではない。それが複雑になるのは、必要な情報を得られないからだ」

すぐれた経営者は、ビジネスを単純明快なものにしておく。明快な決定を迅速にくだすために、五つの質問をするだけでよい。しかし、それは的確な質問でなければならない。

的確な質問とは、次の五つである。

・世界市場での競争環境はどうか。
・過去三年間、競争相手は何をしたか。
・過去三年間、自分の会社は何をしたか。
・将来、競争相手がどのような攻撃を仕掛けてくる可能性があるか。
・競争相手に打ち勝つどのような計画があるか。

ウェルチは、ビジネスは本質的に未知の領域ではないと考えているので、大企業を経営することにひるんだりしない。それどころか、大きければ大きいほど、やりがいがあると考えている。

ウェルチがGEの経営を楽しんでいるのは、GEが複雑に多様化した巨大企業だからだ。

しかし、ひとりの人間が、一三もの主力事業を統括できるだろうか。ウェルチはどうやってそれを統括してきたのか。

「時代の変化に取り残されないよう、いろいろ工夫している。わたしはよく世界を旅し、人々が何を考えているのかを探っている。クロトンビルの経営開発研究所へ行き、自分のスピーチに対する反応をチェックする。幹部会で、GEのビジネス・リーダーと二日間討論する。われわれはだれも、事業を管理していない。管理しようと思わないし、現在、まったく管理していない。管理しようとすれば、気が狂うだろう。事業がうまくいっていないとき、その気配を察知できるだけなのだ」

ウェルチを通常の意味における経営者と考えるのは正しくないだろう。ウェルチは一三の主力事業にいつも目を光らせている「**スーパー経営者**」なのだ。

GEという巨大企業を経営する仕事について、ウェルチはこう語っている。

「わたしの仕事は、最大のチャンスがあるところに、最良の人材をあて、正しいところに正しく経営資源を配分することだ。それだけの話である。理念を伝え、経営資源を配分したら、あとは邪魔しないようにする」

しかし、ウェルチにはすばらしい経営実績があるので、よき経営者になるにはどう管理すればいいのか、人々はウェルチの意見にじっと耳を傾けてきた。

これは、やや皮肉な話である。

「管理しない者が、良き経営者」というのが、ウェルチの信念だからだ。ダウンサイジングで人員を大幅に削減すれば、残った従業員は重要な仕事だけをやらざるをえなくなる。

これがウェルチの狙いだった。

「当社の従業員は仕事に優先順位をつけなければならない。重要でない仕事は後回しにしなければならない。以前よりも少ない人間で、以前と同じ量の仕事をやろうとするのは、われわれがやろうとしていることに逆行する。仕事のスピードを上げ、仕事の的をしぼり、明確な目的意識をもって仕事に

取り組む。それが目標である。組織をスリムにしていくと、それだけ誤解も障害も少なくなり、意思の疎通がはかりやすくなった。管理職の層を少なくすると、管理職の担当の範囲がひろがった。管理をうまくやろうとは思わなかった。そして、管理を少なくするほど、会社は良くなっていった」

管理はしなければしないほどいい。

これが、ウェルチの経営理念の核心である。

「管理職という言葉を使うのは考えものである。〈ものごとを先に進めるよりもコントロールしようとする。ものごとを単純にしないで複雑にしようとする。アクセルを踏まずに、ブレーキをかけようとする〉……そういう人たちを、管理職と呼ぶからだ」

リーダーと管理職はまるで違うと、ウェルチは言う。

「どうすれば事態は改善するか。その明確なビジョンを人々に示すのがリーダーである。ルーズベルトも、チャーチルも、レーガンも、みんなそうだった。それに対し、どうでもいいような細かいことに時間を費やしているのが管理職である。管理職は、ものごとを複雑にすればよいと考えている。そうすればひとよりも頭がよくみえると勘違いしている。これでは、部下は絶対に発奮しない。わたしは、管理を連想させるものがすべて大嫌いである。部下をコントロールし、抑え込む。必要な情報を与えない。報告書作成などのつまらない仕事で部下の時間を無駄にする。部下にまとわりついて監視する。これが管理である。管理をして、部下に自信を植えつけることはできない」

部下の邪魔をせず、部下がもてる力を存分に発揮できるようにしなければならない。そして、部下がすばらしい仕事をしたら、それに十分報いなければならない。

ウェルチは一九九二年夏、GEのスーパー経営者としての自分の仕事について、こう語っている。

「自分の仕事は、経営資源を配分し、資金と収益のことを考え、理念をかかげることである。それ以外には何もない。これはと思う部下を信じ、有望な事業に必要な資金を注ぎ込み、部門から部門へ理念をすみやかに伝える。それが、わたしの仕事だ。製品ひとつひとつについて、口をはさむのは、わたしの仕事ではない。

これは自社で作るべきか。それとも、よそから買ってきたほうがいいのか。それぞれのケースについて、今後五年間にどのような影響が予想されるか。自社で作るとすると、会社にどんなプラスがあるか。どれだけの付加価値をつけられるか。それを考え、答えを出すのがわたしの仕事である。その答えが出れば、もうわたしの出る幕ではない。

二五〇〇万ドル以下の案件はすべて、部下にまかせる。わたしはいっさい質問しない。数十億ドルの資金を事業に投入する場合も、決断してしまえば、金の使い道に口出しはしない。

管理という言葉は、コントロールと同義になることが多い。つめたく、思いやりがなく、紋切り型で、情熱がないという印象を受ける」

管理という言葉に、情熱は感じられない。そして、情熱のないリーダーというのは、存在しない。

ビジネス・リーダーが取り組むべき課題について、ウェルチはこう語っている。

「従業員がもてる力を存分に発揮し、いつでも何かを学ぶことができ、視野をひろげ、人生を展望していける空気、環境、機会、報奨制度をつくらなければならない。会社がやるべきことは、まさにそのことなのだ。

部下が拒絶反応を示さず、上司といっしょに新しいことに取り組もうとするような開放的な環境をつくれば、〈コントロールを失うのが怖くないか。業務査定をしないのか〉と不思議な顔をされる。その背後には、〈コントロールをやめることなどできない。GEには、なにごとも査定してきた一〇〇年余の歴史がある。これからも、コントロールは続く。それは、GEの血肉になっている〉という考えがあるのだろう」

GEのCEOに就任して一八カ月後の一九八二年一〇月一四日、フェアフィールド大学での講演で、ウェルチは経営に関する自分の考えを明確にするため、一九五〇年代、六〇年代の高度成長期について、こう語っている。

「そのころは、管理する人がほんとうに必要だった。しかし、成長が当たり前ではなくなる八〇年代には、成長のチャンスを人からもらうのではなく、みずからの手でつかむ起業家、リーダーが必要になってくる」

低成長期には、「先頭に立って、道を切り開いていく」ビジネスマンが求められる。GEの従業員にもっと自信を植えつけなければならないと、ウェルチは考えた。

「従業員にオーナーの感覚を身につけてもらう必要がある。その感覚をもてば、管理人としてではなく、起業家として仕事に取り組むようになるだろう」

ウェルチは一九八七年秋、GEの社内報『モノグラム』のインタビューに答え、よきマネジャーになるためには何が必要かをこう語っている。

「もっともっと心を開かなければならない。部下よりも少しものを知っているのがマネジャーだという考え方はもう古い。マネジャー（わたしはリーダーという言葉を使いたいが）は、すべての部下と情報を共有し、全員が同じことを知り、共通のビジョンをもてるようになるまで、意思の疎通に努力しなければならない。それが、明日のマネジャーである。部下の知らないことを少しばかり知っていて、その力を使ってボスの地位を保とうとするのは、一九五〇年代、六〇年代のやり方で、これからはもう通用しない」

今後は、経営トップから末端の従業員にいたるまで、すべての人が同じ情報を共有しなければならない。そして、日毎に、トップからボトムまでの階層が少なくなっていくのが望ましい。

「古い型のマネジャーは、妥協を受け入れ、ものごとをまとめたがる。これは、自己満足に陥りやすい。これからのリーダーは、問題を提起し、議論し、解決する。明日が勝負であることがわかっているから、今日の流れに逆らうことを恐れない。将来のビジョンを示して、部下を奮い立たせる。部下をコントロールするのではなく、信頼する。マネジャーと役員は、部下のひとりひとりと、仕事について、抱負について、もっとコミュニケーションを深めていかなければならない」


ウェルチはいったい何を言おうとしているのか。

言っていることは、筋が通っているだろうか。

管理はしないほどいいとは、どういうことか。

GEのような複雑な巨大企業だからこそ、管理を少しぐらい減らしても、会社に打撃はなかったのではないか。ウェルチの経営理念は、ほかの企業には通用しないのではないか。

そういう疑問が頭をもたげてくる。一九九〇年代のビジネス・リーダーなら、そういう疑問をいだくのが当然である。

ウェルチが何を言いたかったのか、じっくり考えてみよう。

大企業の中間管理職だろうと、中小企業の経営者だろうと、ウェルチのメッセージは変わらない。

それは、部下の仕事を邪魔するなということだ。

上の人間が思っているより、部下ははるかに有能である。

部下の仕事を監視するのはやめろ。こまごまとした官僚的な手続きから部下を解放しろ。

部下に敬意を示せ。大切な仕事をやっているんだと、部下に思わせなくてはならない。

そして、いっさい口をはさむな。

以上のことは、そんなにむずかしいことだろうか。

きわめてむずかしいと答える読者もいるだろう。

つまるところ、アメリカ企業の経営者は、管理することが大切だと教えられてきたのである。管理し、コントロールし、監視し、仕事がきちんと進むような構造を作り上げるのが経営だと思い込んでいるのだ。

しかし、現在の事業環境下では、ほんとうと思えること、価値があると思えることが、むしろ前進を妨げているのではないか。

ウェルチがGEであげた実績をみてみよう。

ウェルチは管理をするなという理念を打ち出し、GEの業績はめざましく伸びた。

これが、ウェルチの正しさを実証しているのではないだろうか。

18

中間管理職を減らし、ぜい肉を取る。

【ウェルチ語録】
官僚的な大組織の中で有能にみえる人も、
ひとりになると、無能にみえる。

ウェルチは率直と現実を説いた。従業員に率直に語りかけ、現実を直視する。そして、会社を前進させる。それがウェルチのやり方だった。しかし、現実を直視すると、いやな仕事をやらなければならなくなる。荒海に乗り出す覚悟が必要になる。そして最後には、そんなことをする意味があるだろうかと考え込んでしまう。

ウェルチは、苦しみを乗り越えていくだけの価値があると決断するのに時間はかからなかった。まず、GEのぜい肉を削ぎ落としていくことから始めた。

経営のトップから、現場の工員にいたるまで、すべての人を解放するには、会社の過剰な負担を取り除く以外に道はないと確信していた。

そのためには、管理職の数を減らさなければならない。昔は、管理職がたくさんいるほうがよいと考えられていた。いま思えば、不思議である。

大勢の管理職がすべて、戦略立案に口をはさむのが、それまでのGEのやり方だった。ウェルチはそれを一笑に付した。そんなやり方では、仕事の進行を遅らせ、問題点の早期発見を妨げるだけだ。

それまで戦略立案とコントロールと形式に重点がおかれたため、起業家精神の芽を摘みとる風土ができあがってしまった。

ウェルチが何よりも危機感をいだいたのは、起業家精神が死にかかっていることだった。

戦略立案プロセスと新しい官僚的機構をつくるという考え方が、初めから間違っていたわけではない。官僚的というのは、非難されるべき言葉ではなかった。一九七六年からGEの取締役をつとめるガートルード・マイケルソンはこう言っている。「ある意味で、それは組織と秩序を意味する。ボスの上には、またボスがいて、その上にはまたボスがいる。報告書を受け取ったボスは、上のボスのために報告書を書き、それを受け取るボスはまた報告書を書く。これが、秩序だって会社を経営していくやり方だった」

GEは、まわりを見回せば管理職だらけというところまで肥大化し、多角化していた。四〇万人の従業員のうち、「マネジャー」の肩書きをもつ人が二万五〇〇〇人もいた。シニア・マネジャーが約五〇〇人、副社長以上が約一三〇人いた。こうした管理職は、部下の仕事を監視する以外、ほとんど何もしていなかったのである。

会社を正しい方向に導くには、上司の監視が必要なように思えた。しかし実際には、管理職は、お決まりの報告書を書き、直属の上司に自分の企画を売り込むことに、時間を浪費していたのである。

ウェルチの前任者であるフレッド・ボーチとレジナルド・ジョーンズが四三の戦略

事業単位に会社を再統合したとき、指揮命令系統は劇的に改善すると思われた。しかし、財務と計画立案の官僚的機構がさらに肥大化したため、互いに命令し、コントロールすることに忙しく、どうやって業績を伸ばしていくかを考える時間がなくなってしまった。

「最初は、これで風穴をあけられると思った」とウェルチは言う。しかし、弊害ばかりが目立ってきた。

「計画立案の責任者として部長を任命すると、その部長は二人の副部長をおき、その副部長が立案担当者を指名する。そして書類の量はどんどん増え、印刷物は精巧に、表紙は立派に、図表はきれいになっていった。会議はどんどん長くなる。一〇人も二〇人も集まって、話はいっこうに進まない」

書類作業はキリがない。

財務担当の上級副社長、デニス・ダマーマンは、なんのために必要なのかわからない報告書を、毎日毎日プリントアウトしているコンピューターの使用禁止を命じたことがあるという。そのコンピューターが一日に吐き出す紙を積み上げると、三メートル以上になっていた。

報告書には、数十万種にのぼる製品ひとつひとつについて、一セントの単位まで売り上げデータが記されていた。経営陣はそれに目を通し、分析し、意見を交換しなければならないと思っていた。

広い視野でものごとを考える時間などあるはずがない。

システム全体が官僚機構そのものになってしまった。

戦略立案は、内容よりも、形式が重視され、会社のガンになってきた。

それを象徴するのが、社内資料である。社内資料を書くことが仕事の目的になってしまった。机の上にはつぎつぎと書類の山ができていくため、経営陣はそれを読むのが自分の仕事のように錯覚しかねない状況だった。

こうした弊害にもかかわらず、管理機構はびくともしなかった。

考えてみれば、これほど始末の悪いことはない。

ウェルチは、管理職の数を減らすことを決断し、これを「**ディレイヤリング（階層の削減）**」と呼んだ。

管理職が減れば、指令コントロールのたがゆるみ、会社は弱体化するという意見もあった。

しかし、ウェルチはそんな意見に耳を貸さなかった。

「財務上欠かすことのできない指令コントロール・システムは撤廃できなかった。やろうとしたのは、コントロールの微妙な部分は残しながら、指令の部分をなくしていくことだった。大きな会社には、ひとこと何かを言わないと気が済まない人、なんにでも首を突っ込みたがる人があふれている。しかし、会社に必要なのは、自分の力で仕事をする人、成功しても失敗しても、きちんと責任をとる人である。

管理職の削減はチャンスをあたえることにもなる。不安になる人もいるだろう。これが、この仕事のつらいところだ。大きな官僚的組織の中で有能にみえる人も、ひとりになると、無能にみえる。管理職は、よくやっているようにみえたが、それもまわりのサポートがあったからだ。図表をどっさり抱えて、よく会議に出席していた。しかし、自分以外に頼れるものがないとなると、哀れなくらい無能にみえた」

ウェルチは指令の部分を削るために、一九六〇年代から七〇年代にかけて肥大化した官僚的な階層を少なくしていく組織的なキャンペーンに乗り出した。

狙いは二つあった。

戦略立案の目を事業に向けさせること。

そして、部門間の直接の接触、現場とＣＥＯの直接の接触を妨げる障害を取り除くことだった。

コントロールの微妙な部分は残っても、さまざまな障害を除けば、社内の意思の疎通ははるかにやりやすくなるだろう。

階層の削減は、コスト削減だけが目的ではなかった。経営陣の質を改善することが、ほんとうの目的だった。

「セクターを廃止すると、四〇〇〇万ドルの経費が節減できるという調査結果が出ている（事業部門の上に、六つのセクターがあった）。しかし、それは、本当の価値のごく一部にすぎない。経費が浮いても、リーダーシップの質は改善しないし、有望な市場をすぐに見つけられるわけでもない。階層の削減を実施すれば、意思の疎通が速くなる。業績を伸ばすために社員を統制し、業績に対して責任をもつという企業本来の姿にたちかえることができる。

セクター廃止の大きなメリットはほかにも二つあった。ひとつは、スリムで俊敏な企業に生まれ変わろうと呼びかけるときに、頭でっかちになっている最上層部にメスを入れることで、トップが率先して範を示したことだ」

もうひとつは、率直、現実直視、スリムで俊敏という価値を共有できないビジネス・リーダーを発見できたことだ。面従腹背のリーダーを見つけることができた。これまでは会社に貢献してきたが、世界的な競争が待ち受けているときに、部下を奮い立たせるエネルギーをもっていないリーダーを見つけることができた。

これは、実にむずかしい改革である。本社から遠く離れた工場で働いている社員をクビにするのとは話が違う。本社でいっしょに働いている仲間のクビを切るのである。

ある意味で、階層の削減ほど勇気のいる改革はない。平凡でも経営者になれればいいと思っている人なら、ウェルチのやり方は、あまりに強引だと思うだろう。考えるだけでゾッとして、やめてしまうだろう。しかし、他人より秀でたビジネス・リーダーになろうと思うなら、ウェルチのアドバイスに耳を傾けるべきだ。すべての管理職がほんとうに必要なのかどうか、それをじっくり考え、決断をくだすことだ。

どこを削れるか。

上から下まで、すべての社員とのコミュニケーションを改善するには、何をやればいいか。

ジャック・ウェルチは成功した。

GEの経営陣はよく仕事をするようになった。さらに重要なことに、GEの生産性が上がった。

試してみる価値はある。

しばらくは痛みが伴う。ウェルチが選んだ道は、茨の道だった。しかし、その苦労は報われた。

勇気をもって、階層を削減することだ。

19

ビジョンを示し、従業員みずからの力でそれを実現させる。

【ウェルチ語録】

われわれが経営理念の世界の源流とうぬぼれるつもりはない。しかし、源がどこであれ、われわれほど熱心に壮大な理念を追究している者はいないだろう。そして、高い理念をかかげ、その実現をめざしていることを誇っている。

理想的な経営者とは、どんな経営者か。

ウェルチに言わせれば、次の四つの条件をそなえている経営者である。

・部下を監視しない。

・下へ下へ権限を委ねる。

・競争に勝ち抜ける計画を、事業の責任者に立てさせる。

・どのように、いつ、どこに、どれだけの設備投資をするか。その決定を部下にまかせる。

すぐれた経営者は、自分よりも部下のほうが、ビジネスの現実を理解し、市場がどうなっているかを把握しているのが当然だと考える。

すぐれた経営者は、ビジョンを示し、従業員みずからの力でそれを実現させるのが望ましいと考えている。従業員の頭を抑えるのではなく、もてる力を存分に引き出し、リスクを恐れずに挑戦するよう励ますビジョンをかかげなければならない。

ウェルチは若いころ、競争相手を出し抜く新しい特徴をもった製品の販売で名前をあげた。

競争相手を出し抜くことが、「**大きな飛躍**」には絶対に欠かせない。

すぐれた経営者は、大きく飛躍するチャンスをつねにうかがっている。市場シェアを飛躍的に伸ばす製品を売り出す場合もあるし、そうした製品を作っている会社を買収する場合もある。

ウェルチは、複雑な問題に対応するのが、経営陣の仕事だと考えている。

そして責任が重くなるほど、正しい決断をくだすようになる。

「自分のサインが最後だと思えば、だれでも行動には責任をもつ。何かの購入に関して、二〇人のサインが必要になったとしよう。一七番目にサインするのであれば、上にまだ三人のボスがいることになる。そうなると、最後にサインするときにくらべ、軽い気持ちでサインすることになる」

ウェルチは、権限委譲の効果を説明するとき、ケンタッキー州ルイビルにある工場、プライアンス・パークのことをよく引き合いに出した。

そこでは長い間、持ち場持ち場の仕事におかまいなく、部品はどんどん組立ラインの先へ送られていた。

ウェルチはこのやり方を変えた。部品を次の工程に送るかどうか、それを決定する責任を現場の人間に与えたのである。

「組立ラインの人たちの目の前に、二つのレバーを取り付けた。ひとつは、ラインを停止するレバー。もうひとつは、完璧な出来だと満足したときに初めて、部品を次の工程に送るレバーである。ラインの作業員は突如、品質に関する最終権限を与えられたのである。このやり方を提案したとき、作業が混乱する、生産ペースが落ちると言って、鼻で笑う者もいた。しかし、その後どうなったか。品質は飛躍的に向上し、ラインはそれまでより速くスムーズに流れるようになった」

管理をなくせばうまくいく好例である。権限委譲の成功例である。

ウェルチはGEの幹部を四つのタイプに分け、どのタイプがGEで成功し、どのタイプが挫折するのかを示している。

タイプ1

業績目標を達成して、GEの価値観を共有している人。「将来はは っきりしている。かならず昇進する」

タイプ2
業績目標を達成できず、GEの価値観を共有できない人。「許容できない人で、将来どうなるか、はっきりしている」

タイプ3
業績目標を達成できないが、GEの価値観を共有している人。「仕事の環境が変われば、能力を伸ばせる可能性がある」

タイプ4
業績目標を達成し、GEの価値観を共有していない人。このタイプが、いちばん扱いにくい。

「タイプ4には、部下にやる気を起こさせるのではなく、強圧的に尻を叩いて業績をあげる人が多い。独裁者、ワンマン、暴君が多い。しかし、そうした欠点をつい大目にみてしまう。つねに結果を出しているからだ。少なくとも、短期的には。

そして、このタイプは、楽に業績を伸ばしていけるときなら、そう問題はないが、社内のあらゆる人から良いアイデアを集めなければならないような状況となれば、強圧的な管理スタイルは大きなマイナスになる。そうしたやり方を変えさせることができるかどうかが、今後の最大の課題になる。それがむずかしいことはわかっている。やり方を変えないのであれば、会社を辞めてもらうしかない……」

GEの価値観を共有しない幹部には、どういうことが起こるか。

「良い結果を出している管理職や役員でさえも、解雇した。結果を出すだけでは、安泰ではないことがわかったので、大きなショック効果があった。価値観を共有して結果を出さなければ、会社には残れないことになった。これは大きな変化だ。従業員に意思決定への参加を呼びかけるGEの新しい制度『ワークアウト』で、部下をどなりちらすだけの管理職についての不満を聞いている。この世でいちばんむずかしいのは、しっかりと結果は出しているが、会社の価値観と正反対のことをやっている人間に立ち向かうことである。しかし、行動を起こさなければ、自由に話もできず、ただ文句を言われて黙っているしかない」

アイデアへの渇望

「われわれが経営理念の世界の源流とうぬぼれるつもりはない。しかし、源がどこであれ、われわれほど熱心に壮大な理念を追究している者はいないだろう。そして、高い理念をかかげ、その実現をめざしていることを誇っている。ウォルマートからはクイック・マーケット・インテリジェンス（QMI＝市場情報の即時収集）を、ガレージ・ショップからはコ・ローケション（職場の共有）のアイデアを、ニュージーランドからはクイック・レスポンス（納期短縮）の技術を取り入れた。そして、ワークアウトのセッションで、それまでは黙っていた現場作業員がすばらしいアイデアを出してくれることもあり、もちろんそれも採用した。うまくいくかもしれないものは、なんでも試す。そして、それがうまくいったときには、会社のあらゆる部門にすみやかに広げていく」

一九〇年代の課題

「今後のことを真剣に考えるとき、リーダーは毎日自らに厳しい質問を発しなければならない。そしてそれを、あらゆる事業のあらゆる人間にも問いかける必要がある。

現実を直視しているか。あるがままの現実をみつめているのか、それとも、こうあってほしいと思う現実をみつめているのか。自分をよく見せることに苦心しているのではないか、それとも、曇りなき鏡に映る自分のほんとうの姿をみつめているのか。現実を把握しているとしても、それだけでは意味がない。どう迅速に対応するかが問題である。

価格競争で敗れたとき、競争相手を気が狂っているとかダンピングだとののしって、それで済ませてはいないか。ほんとうはこう考えなくてはいけない。『相手はうちよりもコストを下げた。うちもそれ以上コストを下げなければ、撤退する以外に道はない』と。

次から次へと新製品を市場に出してくる競争相手をみながら、『製品開発にカネを使いすぎる』と考えて、自分を慰めていないか。相手が何をしようとしているのかを、しっかり理解しているか。相手は、製品開発のサイクルをスピードアップして、うちの会社を市場からたたきだそうとしているのだ。

一〇年間、何もしなかった上司が、ある日突然めざめて動きだすと期待してはいないか。毎日毎日、午前中は部下をどなりちらし、午後になると奥の間に引っ込んでしまう暴君が、ある日、悔い改めると期待してはいないか。直訴しなければならないとわかってはいても、それをする勇気が欠けているのではないか。

低成長はしかたがないとあきらめ、政権が交代して、新しい政府が経済を再生してくれるのを待っているのではないか。低成長というのは、大体が気持ちの問題であり、新規事業をはじめるときにはそんなことは考えもしないし、大事業では受け入れてはならないものなのではないか。

なによりも、変化のペースを認識しているか。変化は速いので、昨日新しかったものも今日は古くなり、昨日正しかったことも今日は間違っていることもありうる。変化がつねにもたらすチャンスを歓迎しているか。変化におびえ、萎縮していることはないか。

現実へのすばやい対応を言動で実践し、部下が行動様式を変え、日々あらたな気持ちで仕事に取り組むよう努力しているか。それができるかどうかがこの会社のリーダーシップのすべてである。どんなに多くのアイデアを試してみても、結局は、従業員の創意、意欲、情熱にかかってくる」

ウェルチには、過去一二年間の実績があるので、自分がかかげた理念のうち、どれがうまくいき、どれがうまくいかなかったかを振り返ることができる。ウェルチのような実績を持たないビジネス・リーダーは多いだろう。しかし、先人から何かを学ぶに、じっくり時間をかける必要はない。ウェルチが語りかけていることは、きわめて簡単なことなのだ。

大切なのは、次の一点だ。

問題の解決にとりかかる前に、勝負はついた、問題は複雑すぎる、業績に反映させるには時間がないと、あきらめてはいけない。

ウェルチは何度も何度も言っている。ビジネスはそれほど複雑なものではないと。ビジネス・リーダーなら、何かをしなければならない。しかし、それほどむずかしいことではない。

まず、競争相手との力関係を考え、どうすれば相手を出し抜けるかを考える。そして、現場で働く人たちの邪魔をしてはいけない。口を出してはいけない。部下を信頼し、期待していることを告げたら、脇に退き、あとは部下が力を存分に発揮できるようにする。

これはむずかしいことでもなんでもない。自分の事業と競争相手について、問題を正確に把握できず、なんだかんだと部下の仕事に干渉しているから、事態を複雑にしてしまうのである。ものごとを単純化し、管理の手綱をゆるめれば、かならずや十分な見返りがあるはずだ。

20

小さな会社のように動く。

【ウェルチ語録】

小さな会社はすばやく動く。躊躇が命取りになることを知っているからだ。

是が非でもやりとげたいことは、われわれのような大きな会社の身体の中に、小さな会社の魂と、小さな会社のスピードを植えつけることだ。

これまではいつも、成長し、大きくなることが、アメリカ企業の目標だった。ビジネスでは、大きいことがいいことだった。

GEのように、大きくなった会社は少ない。

しかし、大きいことには、メリットもあるが、デメリットもある。足枷になることがある。発展を妨げることがある。

これが、ウェルチの重要なメッセージである。

小さな会社のように考え、行動する大きな会社は発展する

小さな会社には、あきらかに有利な点があり、ウェルチはそれを次のように列挙している。

「第一に、意思の疎通をはかりやすい。官僚的組織のわずらわしさや無駄がなく、自由に意見を交換できる。人間の数が少ないので、お互いのことを知り、理解している。

第二に、動きが早い。躊躇が命取りになることを知っている。

第三に、階層が少なく、表面を取り繕うことが少ないため、リーダーの動きが鮮明になる。リーダーの仕事ぶりと影響力が、社員全員の目にははっきりわかる。

第四に、無駄が少ない。会議、承認、政治的駆け引き、書類作成に費やす時間が少ない。人間が少ないので、重要なことしかやらない。従業員はエネルギーと注意を、社内の縄張り争いではなく、市場に直接向けることができる。大きな会社には、スケール・メリットや販売力など、有利な点もあるが、熱狂を作りだすのは小さな会社である。大きな会社は、人にちょっと振り向いてもらって、それで終わりというケースが多すぎる。

小さな会社のほとんどは、整然としていて、単純で、形式にこだわらない。熱気にあふれ、官僚的なところがない。どこからでも貪欲にアイデアを吸収して伸びていく。だれもが必要な人間であり、だれもが責任をもっており、業績への貢献度で昇進か解雇かが決まる。大きな夢を描き、高い目標をかかげている。規模の拡大や組織の細分化などには関心がない。

小さな会社のコミュニケーションのやり方はすばらしい。率直で熱気にみちた話し合いがおこなわれている。チャンネルを通せとかフラッグボールに掲げろとか、意味不明の言葉がつまった社内資料がたらい回しされ、せっかくのアイデアが慇懃に握りつぶされたりする大企業の大きなオフィスとは、雲泥の差がある。

小さな企業の社員はだれでも、顧客のことをよく知っている。顧客の好みやニーズをよく知っている。顧客に喜んでもらえるかどうかで、将来、大きな会社になるか、会社がなくなってしまうかが決まってくるからだ」

大きな会社にも利点はある

「会社の規模が大きければ、たとえば、投資の回収がはじまるまでに何年もかかるGE90ジェット・エンジン、次世代のタービン、PET（陽電子放射断層X線撮影）装置の開発に、何十億ドルも投資できる。

市場規模の大きい有望事業で、市場サイクルの波を乗り越えていける。……新製品に巨額の投資をつづけていける。……社内のあらゆるレベルで、勝ち抜くために必要な人材の育成に、毎年数億ドル規模の投資ができる。

話は国内に限らない。会社の規模が大きければ、世界的な大企業と事業提携をむすび、インドやメキシコなどの国、東南アジアの新興国に長期的に投資することができる。そして、明日の市場で大きな需要が予想される製品の研究開発に、巨額の資金を投資していける」

しかし、世界市場での熾烈な競争を、規模が大きいだけで勝ち抜くことはできない
大きな会社には、小さな会社の魂が必要になる

首をかしげる読者もいるだろう。拡大に拡大をつづけ、できるかぎり大きな会社になることが、目標ではないのか。

できるだけ大きくなって、利益を伸ばすことが目標ではないのか。

そのとおり。利益を伸ばすことが目標である。

ウェルチが言いたいのは、こういうことだ。大きくなっていく間に、小さな会社のすばらしさを見失ってはいけない。大きくなっていく間に、大きいことの良さだけに目を奪われてはいけない。

大きくなることはいっこうに構わない。ただ、小さな会社の良さを、できるかぎり残していこうとすればいいのである。

日経ビジネス人文庫愛読者カード

Q1 ご購読された本のタイトル

(　　　　　　　　　　　　　　　　　　　　　　　　　　　　　　)

Q2 この本について率直なご意見・ご感想をお聞かせください。
内容、定価、カバーデザイン、文字の大きさなど、何でも結構です。

Q3 生まれたばかりの文庫です。これから文庫化して欲しい作品名を教えてください。こんな人の著作をまとめて読みたいというご希望も大歓迎です。

Q4 本書をなんでお知りになりましたか？
1 書店で見て　2 新聞広告　3 雑誌広告　4 電車などの交通広告
5 知人の勧め　6 そのほか（　　　　　　　　　　　　　　）
※2、3とお書きになった方は新聞・雑誌名をお聞かせ下さい。
（　　　　　　　　　　　　　　　　　　　　　　　　　　　　）

●小社図書目録の送付をご希望されますか？（はい　いいえ）
●日経出版局からの新刊情報を電子メールで月2回無料でお送りします。
裏面のE-mailアドレス欄にご記入いただくか、
ホームページhttp://www.nikkei.co.jp/pub/でご登録ください。

料金受取人払

東京中央局
承　　認

1651

差出有効期間
平成14年10月
31日まで
(切手不要)

郵便はがき

100-8787

〈受　取　人〉
東京都千代田区大手町1-9-5

日本経済新聞社

出版局編集部
「日経ビジネス人文庫係」行

ふりがな		性別	年令	ご勤務先・学校名
お名前		1.男 2.女	歳	
部　署			役　職	
ご住所	〒　　－ (自宅・勤務先)　　Tel　　－　　－			
E-mail				
職種	1.会社経営・役員　2.会社員(営業系)　3.会社員(事務系)　4.会社員(技術系)　5.公務員　6.教員　7.自由業　9.学生　10.主婦　11.無職　99.その他(　　)			

日本経済新聞社およびグループ会社から各種情報のご案内や各種調査のお願いをする場合があります。情報が不要な場合は右の□に×をして下さい。　□

リーダーシップの秘訣

21

大きな飛躍をめざす。

【ウェルチ語録】
もっと機敏に動くべきだった。
（1980年代中ごろ、ＲＣＡ買収の直前にもらした言葉）

まわりがあっと驚くようなことをやらなければならない。並みの企業から、超優良企業に飛躍する手を打たなければならない。ライバルが安心しているうちに、だれも想像さえできないような大胆なことをやらなければならない。

意外性、大胆さ、そして衝撃的決断。これがなくては、大きな飛躍は望めない。GEをつくりなおそうとしたとき、ウェルチが心に描いていたのがこれだった。ウェルチはRCAを買収して、大きく飛躍した。それを参考に、大飛躍の意味を考えてみよう。

RCA買収は、まったく予想外の一手だった。GEは長い歴史の大半を通じ、内部で成長してきた。内部の事業を育成せずに、ほかから買ってくるというのは、フェアなやり方ではないと考えられていた。

買収によって成長するというのは、GEのやり方ではなかった。しかし、ウェルチは過去のことにはとらわれなかった。

ウェルチは、GEの中に大きく成長する事業を「育てたかった」。そのために必要なことは、なんでもやる覚悟だった。買収が必要なら、それもためらわない。GE帝国を建設するのに、何を羞じることがあろう。

しかし、大きくなることだけが目的ではなかった。

問題は収益だった。

GEの収益増につながる企業を買収することが、新しい文化になった。

一九八五年、ウェルチ革命は大きな一歩を踏み出した。

年間売り上げはめざましく伸びはじめ、一九八五年には二八二億九〇〇〇万ドルに達し、フォーチュン五〇〇では前年から一ランク上がって第一〇位になった。

それ以上に重要なことは、利益が二%伸びて、二三億三六〇〇万ドルに達したことだ。利益では、アメリカで第五位の企業になったのである。

CEO就任以来、売却した事業の総額が五六億ドルになっていたことも、収益改善の要因として無視できない。

GEにぴったり合い、価格が折り合うなら、どんな大企業でもためらわずに買収すると、ウェルチは強い意欲をみせていた。そして、一九八〇年代中ごろ、ウェルチはRCA（ラジオ・コーポレーション・オブ・アメリカ）に目をつけた。

GEと同様、RCAも有名な企業だった。

RCAは一九二六年、NBC（ナショナル・ブロードキャスティング・カンパニー）を設立し、一九三〇年にはレコード市場に参入し、その後、最初のテレビ・メーカーになった。軍事用エレクトロニクス、家電、衛星機器にも手を広げていた。

一九八〇年代初めまで、GEがテレビ三大ネットワークのどれかを買収するなどとは、考えられもしなかった。

三大ネットワークは買収などまったく寄せつけず、そもそも将来の見通しが立てやすく収益性の高い事業をオーナーが手放すはずはないと考えられていた。

それが一転、一九八五年秋、どこかがNBC買収に乗り出すのは必至の情勢となってきた。

その年のどこかの時点で、ウェルチの頭に、RCAを買収しようという考えが浮かんだ。NBCの業績は、何年か不振がつづいたあと、一九八〇年代の中ごろになって持ち直してきていた。

グラント・ティンカー会長が八〇年代初めに奇跡を起こし、「ヒル・ストリート・ブルース」「チアーズ」「セント・エルスフエア」「ファミリー・タイズ」などの人気番組を次々と送りだし、NBCの視聴率は改善していた。

一九八四年、ビル・コスビーを起用して三〇分のコメディ番組を作るというブランドン・タルティコフ（NBCエンタテインメント社長）のアイデアも当たった。

NBCは一九八四年、二億四八〇〇万ドルの利益をあげ、RCAの利益五億六七〇〇億ドルの四三％を占めた。翌年、ＮＢＣの利益は三億七六〇〇万ドルに伸びた。業績が好転したため、ウェルチのような人物が食指を動かすのも無理はなかった。

一九八五年の秋、ウェルチはハーバード・ビジネス・スクールで講演した。「過去を変えられるとしたら、どう変えたいと思いますか」という質問が学生から出た。

なんという質問か。それまで四年半、ＧＥを思いどおりに動かしてきたウェルチに、変えたい過去などあるだろうか。

ウェルチは少し考え込んでいたが、やがて聴衆にとっては意外な告白をした。「もっと機敏に動くべきだった」

このひとことの中に、事業展開のヒントが隠されていた。数カ月前からウェルチが考えていたことのヒントが隠されていた。

ウェルチは大変なことを考えていた。世間をあっと言わせるような買収を考えていた。大きく飛躍をするためにである。

ＧＥがコングロマリットと言われると、ウェルチはいつも嫌な顔をした。手当たり次第に企業を買収しては売却し、焦点が定まらず、事業がごたまぜになっている巨大企業と同一視されるのが嫌だったのだ。

しかしウェルチには、事業の買収や売却をくりかえしても、焦点を明確にしておけるという自信があった。GEをもっと大きくすることが目標だった。会社の収益を増やし、価値を高めることが目標だった。

そのために、思い切った買収をやろうと、ウェルチは考えていた。

一一月初め、ウェルチは腹を決めて、ウォール街の投資銀行、ラザール・フレールのパートナーで、M&Aの専門家であるフェリックス・ロハティンに電話をかけた。ロハティンは、RCAのソーントン・ブラッドショー会長とは懇意だった。ウェルチから、GEがRCA買収を考えていることを、はっきりと告げられた。ロハティンが間に立ち、一一月六日、ニューヨーク市の自分のマンションで、二人を引き合わせた。四五分間、差し障りのないことを話しただけだった。

ウェルチはあからさまに話を切り出すのを避けた。しかし、腹は決まっていた。感謝祭が終わり、「これが正しい選択だと確信して、休暇から戻った」と、ウェルチは書いている。

一九八四年のGEの売り上げは、二七九億ドルだった。

同じ年のRCAの売り上げは、一〇一億ドル。内訳は、エレクトロニクス部門が四八億ドル、輸送部門が一四億ドル、エンタテインメント部門が三〇億ドル、通信部門が四億ドル、その他が三億ドルだった。

十二月五日、ウェルチはふたたびブラッドショーに会い、RCA買収の意図を伝えた。

RCAは三日後に取締役会をひらき、GEの提案に乗るかどうかを採決した。結果は九対一で可決。反対したのは、社長兼CEOのロバート・H・フレデリックだけだった。フレデリックはGEの元重役であり、RCAの会長の座をねらっていた。

交渉は翌日はじまった。

RCAの社員にとって、会社の育ての親であるデービッド・サーノフの忘れ形見、ニッパーを売るのは忍びなかった(ニッパーとは、首をかしげる犬の商標。サーノフはビクターを買収し、このニッパーのおかげで、RCAの知名度は急速に高まった)。RCAのブランド名は消えて、GEのロゴに統一されてしまうのか。

守りを十分に固めたウェルチは、取り引きに関する批判はいっさい受け入れなかった。

「世界でもまったく類をみない企業が生まれるのだ」

一九八五年一二月一二日。

ウェルチは、マンハッタンにあるGEのビルで記者会見をおこなうと発表し、大勢の報道陣がつめかけた。

これは、ウェルチのもっとも大胆な行動だった。

GEにとっても、そうだった。

クロトンビルのジム・ボーマンは、RCA買収を、ウェルチのGEがそれまでとった行動の中で、最大の企業文化の変革だったと述べている。

GEがRCAを一株当たり六六・五ドル、総額六二億八〇〇〇万ドルで買収することで、両社は合意した。

石油会社を除くと、過去最大の買収だった。

GEは製造業で全米第九位、RCAはサービス業で全米第二位の企業だった。両社を合わせた売り上げは四〇〇億ドルにのぼり、フォーチュン五〇〇の第七位になる。IBMにはまだおよばないが、デュポンは追い越すことになる。

「ものすごい会社になるだろう」と、ウェルチは胸を張った。

ウォール街には、RCAの価値を一株当たり九〇ドルと評価するアナリストもいたので、GEはずいぶん安い買い物をしたようだ。

財界人からコメディアンにいたるまで、この買収劇にはだれもが黙っていなかった。

NBC「トゥナイト・ショー」の司会、ジョニー・カーソンはこう言った。「わたしにも運が開けてきた。このまえ、GEショーの司会をした人は、その後、大出世をしたからね」。五〇年代に、CBS系のテレビ番組「GEシアター」の司会をつとめたロナルド・レーガンのことを言っているのだ。

冗談はさておき、ウェルチは新しい会社の将来について、楽観的な見方をしていた。

RCA買収によって、サービス、ハイテク分野に攻撃をかける足場ができ、製造業への依存度を減らせると確信していた。

買収後、サービス、ハイテク分野から、利益の八〇%を稼ぎ出せると予想された。これで、八〇年代初めからウェルチがかかげてきた目標のひとつが達成されたことになる。

GEとRCAの組み合わせは理想的に思えた。軍需関連の受注で、両社が手を組むのはごく自然だった。GEは航空機エンジンとICBM（大陸間弾道ミサイル）の誘導システムを作っており、RCAはミサイル発射巡洋艦の電子装置を作っているからだ。

この相乗効果で、「スター・ウォーズ（SDI＝戦略防衛構想）」関連の受注競争で優位に立てる。RCAの二大事業である放送と軍需は、ほとんど外国企業との競争がなく、これがウェルチにとって大きな魅力だった。NBCにはまた、たいして投資をしなくても、大きな収益を期待できるという利点があった。

なによりも、RCA買収によって、GEはグローバル企業になった。

「どの企業とも、どこででも、GEが製品を供給しているあらゆる市場で、競争に打ち勝てるだけの技術力と資金力と世界的視野を手に入れたことになる」と、ウェルチは豪語した。

家電事業でも相乗効果が期待できた。両社とも、テレビとラジオを販売してきた。家電事業の売り上げは、RCAが四八億ドルと、GEの一〇億ドルをはるかに上回っていた。

GEは放送業界ではアウトサイダーとみられていたが、一時は、ラジオ局を八つ、テレビ局を三つ、ケーブルテレビ局を一つ、保有していたことがある（一九八三年に大半を整理してしまった）。

しかしNBC側の反応は複雑だった。

NBCニュースの幹部と報道スタッフは、GEが報道のやり方に干渉してくるのではないか、大切に守ってきた独立性が脅かされるのではないかと心配した。ウェルチはこうした懸念を取り除くため、「NBCニュースの独立性に今後も変わりはない」と約束した。

エンタテインメント部門は、一九八四年のRCAの売り上げ一〇一億ドルの三〇%、利益二億四六四〇万ドルの四〇%を占めていた。

NBCは、ゴールデンタイムの視聴率競争で初めて首位に立とうとしていた。「ゴールデン・ガールズ」「アルフ」「マトロック」「L・A・ロー」「アーメン」など、人気番組がつぎつぎと登場していた。中でも大当たりした「コスビー・ショー」は、視聴率が五〇%に達したこともある。二世帯に一世帯がNBCにチャンネルを合わせた計算になる。

視聴率はぐんぐん伸び、グラント・ティンカー会長は得意の絶頂にあった。ティンカーらNBCの首脳は実によくやっていると、ウェルチは思っていた。「みんな、GEにふさわしい人間だ。どうすればナンバー1になれるかを知っている。そして、われわれは、それを知っている人たちにどう報いるかを知っている」

ティンカーは初め、新しい親会社に好意をもっていたようだ。「GEにはすぐれた経営者がそろっている。すぐれた経営者はふつう、壊れていないものは修理するなという原則を大切にする。そして、NBCは壊れていない」

こうした好意的発言もあったが、GEがオーナーになったことで、その競争相手がNBCに広告を出さなくなるのではないかという懸念もあった。

また、国防総省から多額の受注をしているGEが、NBCの国防関連の報道に口をはさむのではないかという心配も根強くあった。

こうした背景には、あらたに獲得した巨大メディアの力を利用して、どんな小さなことでも、GEに影響をおよぼす決定にはすべて、圧力をかけてくるのではないかという恐れがあったのである。

ジャック・ウェルチは大きな飛躍をとげた。

これからの仕事は、買収した企業に、GEの文化を「植えつけて」いくことだった。

これは容易なことではなかった。

22

どんなに抵抗があっても経費を削減する。

【ウェルチ語録】
みなさんが変えようとしないのであれば、
変えようとする者が必ず現れる。

ウェルチの経営理念への抵抗がとくに強かったのは、NBCテレビネットワークだ。

GEには独自の企業文化がある。NBCにも独自の企業文化があった。両者が衝突するのは目にみえていた。

ウェルチの経営理念をグループ全体にいきわたらせることができるかどうかが問われ、さらに、けんか腰で独自性と個性を主張する子会社に、親会社が企業文化を浸透させられるかどうかが問われていた。

両者が衝突したとき、世界中が成り行きを見守っているかのようだった。このため、戦いの意味は大きくなり、論争は激しくなり、勝ったときに得るものも、負けたときに失うものも大きくなった。

大企業の内紛の例にもれず、このときも争点はカネだった。つまり、NBCにどの程度の支出が許されるかであった。

NBCをはじめ三大ネットワークはそれまでコストを度外視してきた。三社ともカネづかいが荒かったものの、収益性は高く、利益確保を求める圧力には無縁のようだった。

膨大な数の視聴者を獲得する三大ネットワークは、全米のテレビ放送をほぼ独占していた。

NBC、CBS、ABCのいずれかで働いていれば、給料は高いし、さまざまな特典があった。

そして、一九八〇年代半ばに、ウェルチがこの業界に乗り込んできた。ウェルチは、航空機エンジン部門や照明部門と同じことをNBCに要求した。

・収益力を強化すること。

・経費を抑さえること。つまり、生産性を上げること。

・GEの企業文化を取り入れること。

ウェルチはNBCの利益をしらべ、きわめて単純な質問をした。「最高の視聴率を誇るネットワークの利益が、なぜ最低なのか」

NBCがコスト高を当然のように考えている理由が、ウェルチには理解できなかった。

NBCの社員にとって、理由は答えるまでもなかった。

テレビの世界ははなやかだ。電球づくりと同じにされてはたまらない……。

しかも当時、NBCは絶好調だった。一九八六年九月には、過去最多の三四のエミー賞を受賞した。もっと重要なのは、八五年は八四年を五四%も上回る記録的な利益を計上していたことだ。

GEの企業文化を浸透させるために、ウェルチからNBC社長に任命されたロバート・ライトは、就任当初、冷静になるのに必死だった。

ライトは、「わたしの任務は、最善の道を選び、それをさらに改善していくことだけだ」とさらりと言ってのけたものの、経費を削減するという困難な使命を負っていた。

ライトが社長に就任すると、NBCは不安と恐怖で騒然となった。

ライトはそうした状況も、社員の憤りも理解しているようだったが、かといって、社員が歓迎するようなタイプではなかった。

NBCを抜本的に再編するのかとたずねられたら、ライトはとんでもないと否定しただろう。しかし、再編は避けられない課題であり、隠しておくわけにはいかなかった。

ライトとNBCの関係はうまくいかず、衝突は避けられない状況だった。ある関係者は、こう言っている。

ＧＥとＮＢＣがひとつになるうえではいくつもの障害があったが、そのひとつは、ＧＥマンたちがたぶんウェルチの影響を受けて、経営とは対決だと考えていたことだ。いや、挑発だというほうが適当かもしれない。ＧＥの幹部は挑発する態度をとったが、ＮＢＣの幹部にはそれができなかった。ウェルチは、ＮＢＣの幹部をフェアフィールドの本社に呼びよせて、予算の問題で対決し、厳しい質問をあびせた。ＮＢＣ側はみな、これで混乱した。

ライトがＮＢＣの各事業部門に対し、五％の予算削減を要求したのをきっかけに、両者は衝突した。避けられない衝突だった。

ＮＢＣは、経営幹部を中心に、ライトに抵抗した。そのひとりが、ＮＢＣニュースのローレンス・Ｋ・グロスマン社長だ。

ＮＢＣニュースはそれまで何年か、破格の予算を認められていた。一九八三年に「わずか」二億七三〇万ドルだった予算は、翌八四年には二億八二五〇万ドルにふくれあがり、ＧＥがＮＢＣを買収したときも、これに近い水準にあった。

ＮＢＣニュースは広告収入で経費をまかなう建前になっていたが、一九八〇年代半ばの広告収入は、年二億五〇〇〇万ドル以下で、経費の水準に達することはまずなかった（広告収入の五〇％が「NBCナイトリー・ニュース」によるものだった）。

グロスマンはライトに、予算を一五〇〇万ドルも削減するのは不可能だと言った。ライトも、GEのほかの経営幹部も、納得しなかった。

ライトやウェルチの目に、NBCニュースは問題児に映っていた。

NBCニュースの収益はネットワーク全体の一〇％にすぎなかったが、一九八六年の予算で、経費は二億七七〇〇万ドルと、全体の一六％も占めていた。

この年、NBCニュースは八〇〇〇万ドルの損失を計上した。

NBCニュースの損失は、一九八〇年代後半には一億二〇〇〇万〜一億三〇〇〇万ドルにふくれあがると予想されていた（実際、グロスマンに代わって、マイケル・ガートナーがNBCニュースの社長に就任した一九八八年には、損失は一億二六〇〇万ドルに達していた）。

NBCの動きに、ジャック・ウェルチは困り切っていた。

テッド・ターナーのCNNでは、一日二四時間のニュース放送をわずか一億ドルの予算で運営し、五〇〇〇〜六〇〇〇万ドルの利益をあげている。

これに対しNBCでは、一九八〇年代中頃に、一日わずか三時間のニュース放送に、二億七五〇〇万ドルも使い、一億ドルの赤字になっている。なぜ、そんなことになるのか。

NBCニュースの幹部は、ライトとウェルチに、まともな予算計画を立てていないことを認めた。それまで、予算の提出を求められることはまずなかった。予算の心配は、別のだれかにまかせておけばよかった。

NBCニュースの幹部も、赤字でいいとは思っていなかった。いずれ、赤字の問題には取り組む。その時期はかなり先になるが、と言った。グロスマンがウェルチの怒りを買ったのも無理はない。

グロスマンはウェルチを説得しようとした。NBCニュースは国民の信頼を担っている。GEのほかの事業部門とは違う。利益をあげろという圧力をかけるべきではないという論法だった。

これを聞いて、ウェルチは怒った。

GEの最高経営責任者として、自分も国民の信頼を担っている。「NBCニュース」に対する信頼の数百万倍もの重みがある信頼だ。ウェルチは火を吹くかもしれない冷蔵庫、墜落するかもしれない航空機を扱っている。顧客の生命をあずかっている。その責任を考えてみろ。NBCネットワークが国民の信頼を担っているという前に、こうした立場を少しは考えてみろ。ウェルチはこう反論した。

予算を五％削減するよう求められて、一九八六年度の予算を四％上回る金額を要求したグロスマンに、ウェルチは激怒した。

グロスマンは結局、ウェルチに屈した。

一九八六年十一月十六日、雌雄を決する会議で、グロスマンは一九八七年度予算を前年度並みに抑えることに同意した。インフレ率を考えると、実質五％程度の削減だった。

ライトが戦いに勝ったのは当然だった。

ライトはＮＢＣの社長であり、ウェルチの全面的な支援を受けている。

しかし、戦闘には勝てても、戦争に勝てるだろうか。

幹部の背後にいる社員の心をつかめるだろうか。

社員を悲しませ、苦しませて、利益をしぼり出す価値があるのだろうか。

経費削減の厳しい戦いの間、ライトはそうした問題をつとめて考えないようにした。

就任早々の小ぜり合いでは、勝利をおさめた。

当初の数年間について、どれほど非難をあびても、どれほど血が流れたとしても、採算だけを考えていたのであれば、ライトとウェルチは結果に大満足していたはずだ。

一九九一年にライトは誇らしげにこう言った。

かつてこれだけの業績をあげた企業があっただろうか。過去五年間の当社ほどの業績をあげた企業は、放送業界にはない。

一九八五年のNBCの利益は、三億三三〇〇万ドルだった。ライトが社長に就任した一九八六年に、利益は三億五〇〇〇万ドルになり、営業収入は初めて三〇億ドルを突破した。

視聴率でもNBCはナンバー1だった。「トゥデイ」や「トム・ブロコーのNBCナイトリー・ニュース」はいずれも視聴率トップの座を獲得した。

ライトとウェルチにとって、胸を張れる事実はいくつもある。

一九八〇年代後半には、NBCの業績はさらに伸びた。

NBCの利益は、一九八七年には四億一〇〇〇万ドル、一九八八年には五億ドル、一九八九年には七億五〇〇〇万ドルになった（一九九〇年は五億ドル）。

経費削減策は功を奏したのだ。

また、ケーブルテレビや、コロンビア・ピクチャーズとのホームビデオ事業など、放送以外の事業も好業績をあげた。

なかでもとくに重要なのは、NBC直営のテレビ放送局七社が順調に利益をあげたことだ。一九八七年には、七社はNBCの総利益の半分にあたる二億ドルを稼ぎ出した。一九七九年から一九八七年までの増益率は、年平均二〇%に達した。この結果、放送事業はGEのなかでもドル箱に成長した。

しかし、依然として膨大な予算を湯水のように使うNBCの傲慢なやり方に、ウェルチは我慢できなかった。

一九八七年三月後半、フロリダでの密室会議で、ウェルチはNBCの幹部が過去に執着しすぎていると非難し、「みなさんが変えようとしないのであれば、変えようとする者が必ず現れる」と警告した。

ウェルチはNBCにGEの事業観を植えつけようとした。

NBCがこれまで築きあげてきたものはたしかにすばらしいが、それでも、NBCが一三の主要事業のひとつであることに変わりはない。

ウェルチは会議に集まったNBCの幹部一〇〇名に、GEの他の部門では企業文化に抵抗した幹部には辞めてもらっていると警告した。世界が変わったことを認めなかった人たちだが、「そうしたムードがこの部屋ほど強く感じられるところはない」とウェルチは指摘した。

ウェルチは、NBCに経営の厳しさを植えつけようとしていた。皮肉なことに、その年、三大ネットワークのうちNBCだけが、利益を計上する見込みだった。

集まった幹部のうち、ウェルチの次の発言を歓迎する者はいなかった。

「NBCのなかには優秀な人材もいるが、だめな人材もいる」

「社内にひそんでいるだめな人材をみつけだし、追放する。優秀な人材にチャンスを与えたい」

こうしたなか、RCAは姿を消そうとしていた。

GEは買収後、RCAの事業をほとんど売却した。残ったのは、NBCテレビネットワークと、NBCの傘下にある五つのテレビ局、国防電子機器部門だけだった。ニューヨークのロックフェラー・プラザ三〇番地にあるロックフェラー・センターからはRCAビルの名前が消え、GEビルになった。

GEは一九八七年夏までに、解雇や部門売却によってRCAの従業員を八万七五七七人から三万五九〇〇人に削減した。

RCAのファンにとって、もっとも衝撃的だったのは、ラジオネットワークの売却だった。

皮肉なことに、一九二六年にNBCを設立したのは、RCA、ウェスティングハウス、GEの三社だった。

NBCはラジオネットワーク黎明期の最大手だった。全米で人気をあつめた長寿番組「エイモスとアンディ」や「フィバー・マッギーとモリー」などを放送していた。ジャック・ベニー、ジョージ・バーンズ、グレイシー・アレンなどのスターが出演していた。

NBCネットワークは当時、全米七〇〇以上の放送局に番組を供給していた。しかし、テレビの出現で、ラジオは徐々に衰退していった。

一九八七年夏、ラジオネットワークはウエストウッド・ワンに五〇〇〇万ドルで売却された。NBCの子会社であるラジオ局八社は売却されなかった。

この売却はNBCの従業員に衝撃を与えた。ラジオ局はRCAにとって、宝物のような存在だったからだ。

しかも、売却の際、ウエストウッドにNBCの名称の使用権が認められた。NBC

にとっては、屈辱的なことだった。

もいうなればウェルチは、NBCニュースという名前を他社に売りわたしたのだ。もうひとつの「宝物」であるテレビネットワークまで売却するのではないかという不安が、テレビ事業のスタッフをおそった。

一九九〇年代にはいると、NBCのテレビ放送事業をとりまく状況は厳しくなっていった。広告主がテレビネットワーク離れを起こし、ケーブルテレビやダイレクトメールなどに宣伝手段を切り変えたため、利益が減少しはじめた。ケーブルテレビなどのメディアとの視聴者獲得競争が激しくなった。

皮肉なことに、NBCは一九九〇年、ネットワーク三社の中で、最高の視聴率を通年維持していた。

それにもかかわらず、夏には業績が落ち込んできた。この年、営業収入は三二億ドルと、四・六％減少した。利益も四億七七〇〇万ドルと、二一％減少した。

一九九一年には、利益は三億ドルまで落ち込み、過去数年間の水準を大きく割り込んだ。

湾岸戦争で報道経費が六〇〇〇万ドルも余計にかかったことや、広告収入が減少したことが原因だった。

視聴率も低下していた。

新聞では、NBCが売却のターゲットにされているという憶測がひろがった。ライトも、NBCを今後どうすべきかについて、投資銀行から提案を受けていることを認めた。

翌年の春には、GEがNBCを取り返しのつかない状態にしたと告発する本が、NBCの元幹部によりつぎつぎと出版された。

元幹部のひとりは、こう書いている。「NBCを心から愛する人々はみな辞めていった。バーバンクかニューヨークにまだ残っている人や、最近辞めたばかりの人は、NBCはまったく別の会社になってしまったと嘆いている」

NBCは一九九〇〜九一年度も視聴率トップの座を維持し、連続六年間第一位の記録をうちたてたが、三〇年近くなかったほどの接戦だった。

しかも、一八歳から四九歳を対象とする製品の広告主は、初めてNBCをトップ・チョイスからはずした。新しく選ばれたのは、ABCだった。

一九九一年、ウェルチはNBCにかなり時間をとられていたようだったが、実際には家電事業や医療システム事業より多くの時間を割くことはなかったと言っている。

一三部門の中で、NBCがいちばん頭痛のタネというのは本当だろうか。NBCは「エキサイティングで、魅力はあるが、経費ぶくれでぜい肉が多く、かたくなに変革を拒否している」ことは、ウェルチも認めている。一九九一年十月になっても、ボブ・ライトはNBCに変革を求めていた。

われわれ三大ネットワークの足取りは、これまですこし遅すぎた。NBCは変化が速すぎるという非難を受けているが、わたしはむしろ遅すぎると反省している。市場がこれほど急激に変化しているのに、適切に対応できる態勢が整っていない。NBCが生き残れなくなる危険はきわめて高い。社長になって五年になるが、いまだにこの事実を社員にわかってもらえない。われわれは、自動車業界のビッグ・スリーと同じ運命にあるといえるだろう。つまり、大手の地位は維持できる。しかし、採算がとれない。ここにふたつの選択肢がある。ひとつは、たえず変革を進める企業になること。この道を選んだ場合、事業はこれまでよりも質素な体質になるだろう。もうひとつは、これまでどおり、存在感の大きい企業でありつづけることだが、この場合、収益性はきわめて低くなるだろう。

一九九〇年代初め、NBCは厳しい状況に直面していた。長年堅持してきた全米視聴率トップの座をあけわたし、一九九二年には第三位に転落したのだ。そのうえ、トラブルも多発した。一九九三年二月、ゼネラル・モータース（GM）の小型トラックを使った衝突実験を「デイトライン」で放映し、その後、GMに謝罪することになった。この事件の三週間後、NBCニュースのマイケル・ガートナー社長が辞任した。やはり同じ年に、深夜の人気トーク番組の司会者、デービッド・レターマンがNBCからCBSへ移籍した。

しかし、NBCニュースの業績は改善していた。一九八〇年代には赤字続きだったが、一九九三年の予想利益は二〇〇〇万ドルに達していた。ネットワーク全体でも、予想利益は二億七五〇〇万ドルと、一九九二年を一二％上回った。

それでも、ウェルチがNBCネットワークの売却を考えているという憶測は消えなかった。新聞各紙に、売却間近という記事がたびたび掲載された。しかし、実際には何も起こらなかった。

ウェルチはまるで野生動物のようだったNBCをてなずけ、めざましいとはいえないまでも、そこそこの利益をあげていることには満足しているようだ。

ＮＢＣの変革から、次のような重要な教訓が得られる。

経費を削減しようとすると、たいていは反対が起こる。論理的で説得力のある議論を展開して、経費を削られまいとする人たちが出てくる。

ウェルチは、ＮＢＣの幹部の反対をすべて検討した。どの議論も、過去はこうしていたというものだった。

ウェルチが過去を嫌い、過去から学べることは少ないと考える大きな理由のひとつがここにある。

経費を削減しようとするとき、また、どのようなものであれ、不愉快で、苦痛で、反論がすぐに出そうな方針をとろうとするときは、企業の将来をつねに見すえることが重要だ。

過去は道しるべにはならない。改革実行のきっかけになるにすぎないのだ。

23

スピードを重視する。

【ウェルチ語録】
スピードはきわめて重要だ。競争力に欠かすことのできない要素である。

競争が激しい時代に、ＧＥのような巨大企業が生き残っていくには、小企業の慣習やスタイルを取り入れなければならないと、ウェルチは主張する。小企業のもっともすばらしい点は、スピードにある。

「スピードはきわめて重要だ。競争力に欠かすことのできない要素である。スピードがあれば、企業も、従業員も、いつまでも若さを保てる。スピードは習慣になりやすいし、アメリカ人が大好きなものだ。これを利用しない手はない」

ウェルチはスピードという概念が大好きだ。それについて語るとき、いつもより饒舌になる。

「スピードには、経営にあきらかにプラスになる面がある。キャッシュフローが増え、収益力が強化され、顧客への対応がすばやくなってシェアが拡大し、作業時間が短くなって生産性が向上する。

スピードは活性化をもたらす……企業経営ではとくにそうで、発想が豊かになり、部門の壁がなくなり、官僚体質とその弊害が一掃されて、市場への対応が最優先される」

手遅れになる前に、事業運営をスピードアップする

「スピードこそ、優良企業の強さだ。一九九三年も、それ以降も、GEにとっての課題はあきらかだ。この巨大企業に、熱意、ハングリー精神、変革意識、顧客本位の姿勢、そしてなによりも、現実をしっかり把握し、現実にすばやく対応するスピードを植えつけることである」

国家も、企業も、一定のライフサイクルにしたがって動いているようだと、ウェルチは言う。新しい企業は、市場にすばやく対応しようと必死になっている。急流に氷が張らないように、こうした企業には官僚主義が生まれる土壌はない。

「しかし業績が伸び、安心感が強まってくると、スピードからコントロールへ、指導から管理へ、攻めから守りへ、顧客本位から官僚主義へと、重点が移っていく。

意思決定や管理をやりやすくするために、組織の階層を増やしていく。階層が増えていくと、動きが鈍くなる。部門間に障壁ができて、それぞれの部門が縄張りを主張するようになる」

したがって、事業運営をスピードアップする前に、まずスピードを阻む壁を取り払わなければならない。

ひとことで言えば、官僚主義を排除することだ。

「GEではこれまで官僚主義をかなり排除してきたが、今後もけっして手をゆるめるべきではない。官僚主義を笑いものにし、取り払わなければならない。……(官僚主義は)生産的な活動から注意をそらしてしまう。事業に貢献する者より、管理する者を重視する。生産性の向上を抑える。

スピードアップしなければ、勝利はおぼつかない。できるだけ早く製品を市場に投入し、できるだけ早く顧客に対応し、できるだけ早く意思決定しなければばならない。境界を取り払わず、経営組織を何重にも階層化するのは、寒いからといってセーターを六枚もかさねて外出するようなものだ。それでは外の気温を感じることはできない」

スピードは官僚主義へのワクチンになる

「スピードを心がければ、緊迫感が増し、事業が活性化され、ほんとうに重要なことだけに焦点をしぼれるようになる。いってみれば、スピードは官僚主義や伝統主義へのワクチンになる。スピードというごく単純なことが、小企業には原動力となり、大企業にはトラブルを引き起こす原因ともなっている」

GEのスピード・アップ活動「クイック・レスポンス」

「クイック・レスポンス（すばやい対応）は、生産サイクルを短縮する方法で、カナダの関連会社から取り入れたものだ。カナダの関連会社は、ニュージーランドの家電メーカーからこれを学んだというが、その先はわからない。クイック・レスポンスを心がければ、製造部門、財務部門などの部門間の障壁、顧客との間の障壁をほぼ解消することができる。GEアプライアンス（家電事業部）では、かつて受注から納入までに一八週間かかっていたが、それがいまでは三・五週間に短縮され、さらに三日にすることを目標にしている。クイック・レスポンスによって、GEアプライアンスの平均在庫は五〇％、ほぼ四億ドル減少した。一九九三年には、在庫回転率が一〇回を突破し、八九年のほぼ二倍になる見通しだ。

売上高六〇〇億ドル、従業員二三万人を擁し、世界規模で事業を展開するGE全体に、ここまでのスピードをもたせるにはどうすればいいのか。スピードアップに着手する前に、まずブレーキをはずさなければならない。GEでのブレーキとは、部門間の境界、障壁、縄張り、そして残存する官僚主義である」

もうひとつのスピードアップ

「（ウォルマートから学んだ）クイック・マーケット・インテリジェンス（QMI＝市場情報の即時収集）は、市場の鼓動に耳を傾け、顧客のニーズに対応することに関心を向けて、部門間の障壁を取り払うテクニックだ。GEでは、QMIが急速に経営方針の基盤になりつつあり、作業のスピードアップや、顧客へのサービス向上につながっている」

クイック・マーケット・インテリジェンス（QMI）

「QMIでは、毎週金曜日、営業担当者全員に対し、各部門の幹部や最高経営責任者と直接会い、顧客のかかえる問題やニーズを説明する機会を与える。難解なものでも、戦略的なものでもなく、顧客にいますぐ対応する実際の行動である。QMI活動により、組織の全員が市場に顔を向けるようになり、その結果、官僚主義の実態が浮き彫りになってきた。官僚主義は無意味でくだらないだけでなく、顧客サービスの弊害にすらなるのだ」

一九九三年六月、ウェルチはQMI活動を絶賛した。

「QMIによってGEは生まれ変わるだろう。ウォルマートは一店舗から出発し、二〇〇〇店舗の企業へ成長した。いまGEがやろうとしているのは、それよりはるかにむずかしいことだ。一一五年の歴史をもつ官僚主義を取り払って、顧客に密着した企業にしようとしている（ウォルマートは一店舗で成功した方法をコピーしていっただけだ）。これは容易なことではない。社内にはいまだに、わたしも参加しなければいけないのかと言う人がいる。どういう人だか、想像できるだろうか。わたしまで、やらなければいけないのか……とは、まったく常識を疑いたくなる。そうした態度は根絶しなければならない。この部屋には、QMI活動に深く関わらなくてもいい人間は、だれひとりとしていない。

QMIに参加しないのなら、ここにいる資格はない。今後二年間で会議の数を半分に減らし、QMI会議をGEの中心にすえる。QMIはGEの精神そのものになり、成長の原動力になる。

QMIを実行すれば、日々より良い方法を発見できるようになる。GEの全部門、全従業員、全組織階層が、顧客のニーズへの対応に全力をあげるようになる。

大企業には、毎朝会社にやってきて、社内の官僚のためにだけ働いている人間が多すぎる。そういう人間は、顧客のことを考えていたとしても、ぼんやりとした抽象的なイメージしかもっていない。

QMIを実行すれば、そういう体質を一掃できる」

一九九三年六月にウェルチは、スピードがなぜそれほど重要なのかと問いかけ、こう語っている。

「それは、市場での競争があるからだ。しかるべき時に、しかるべき人に、しかるべき所に、商品をすばやく届けなければいけない。それができなければ競争に負ける。求められるのは対応能力だ。」

ウェルチがスピードを信奉していることに、次のような疑問をもつ人もいるだろう。

・スピードがトラブルを招かないか。
・品質が低下しないか。
・経営の中枢である指令・管理システムが混乱しないか。

・製品を工場から顧客へ納入するとき、手続きに重大なミスが生じないか。

そうした可能性があることをよく知っているウェルチの答えはこうだ。スピードを追究するときに、品質の低下や、指令・管理システムの混乱や、手続きの遅延を起こしてはならない。

これらの面で質を落とすことなく、スピードアップできる方法を考え出せと言っているのだ。

大企業は鈍重になりがちだ。組織が大きいのだから、やむをえない面もあるだろう。しかし、そうでない面もあるのではないだろうか。

ウェルチのアドバイスはこうだ。「活動が鈍くなる原因のすべてが、どうにもならないものだと決めつけてはいけない」

スピードアップは実現可能だ。

スピードアップを実現するには、仕事を遅くするばかりで、なんの利点もないプロセスがないかどうかを調べる必要がある。

くまなくさがせば、かならずそういうプロセスがみつかるはずだ。

24 境界を取り払う。

25 部門間でシナジー効果を模索し、統合された多角化をめざす。

【ウェルチ語録】
もっとも重要なのは統一性だが、それに次いで重要なのは、境界を取り払うことだ。

ウェルチは長い時間をかけて、この経営理念を考え出した。ようやくまとまった理念を表現するために選んだ言葉は、ウェルチ自身も認めているように、不自然だし言いにくかった。しかし、その言葉で、表現したいことがきちんとまとめられている。

ウェルチはそれまで官僚的組織を取り払うよう主張してきたが、ほんとうに求めていたのは、GEを「**バウンダリレス（境界のない）**」企業にすることだった。

ウェルチはこの舌のもつれそうな言葉が気に入っていた。一九九〇年三月のスピーチで、この言葉の背後にある考えをこう説明している。

「変化のペースが速くなっていることは、さまざまな分野で感じられる。グローバル化はいまでは目標ではなくなり、不可欠のものになった。市場が開放され、地域の境界が不鮮明になり、無意味にさえなってきたからだ。

一九八〇年代にはリストラクチャリング、階層の削減、機械的なトップダウン方式などが功を奏したが、こうした方法をさらに進めても、抜本的な解決にはならない。それに時間がかかりすぎる。一九九〇年代には、スピーディーに行動し、コミュニケーションを明確にし、ますます厳しくなる顧客の要望に応

えることに全員が集中できる企業文化を形成することが、成功のカギになる。そうした企業文化を形成するためには、境界のない企業をつくりあげなければならない。エンジニアリングやマーケティングなどの部門間の壁、時給従業員、正社員、管理職などの立場の壁を乗り越えるために時間をとるような余裕はない。地域間の壁も、解消する必要がある。デリーやソウルでも、アメリカのルイビルやスケネクタディでも、まったく同じように仕事ができるようにすべきだ」

ウェルチは一九九〇年四月二四日のスピーチで、どうしたら経営をスピードアップできるか、何がスピードアップの障害になっているのかについて問いかけている。

「高性能の航空機を設計するときは、速度を落とす原因となるでっぱりを機体の表面から取り除き、なめらかにするよう工夫する。こうして、なめらかに、速く飛べるすっきりとした機体になる。企業にも、航空機の表面のでっぱりに似たものがある。財務、マーケティング、製造などの部門をへだてる境界、企業と顧客をへだてる境界がそうだ。こうしたひとつひとつの境界が、スピードへの障害になり、企業全体の動きを鈍くする。壁にかこまれた領域には、官僚主義者がいて、壁を必死になって守っている」

こうした境界を取り去るには、どうすればいいのだろうか。

経営組織にあるタテ割りの境界は、ウェルチによると比較的克服しやすい。GEは一九八〇年代に組織の階層を大幅に圧縮・削減した。

「これに対し、ヨコ割りの境界、部門間の境界は扱いにくい。こうした壁がどんどん高くなるのは、基本的には不安感があるからだ」

「境界のない企業」とは、どういう企業だろうか。

ウェルチはこう説明している。

「境界のない企業とは、内部をへだてる壁を突き崩し、外部の顧客とをへだてる壁を突き崩していく企業だ」

境界のない企業は、次のことを実行する。
・各部門をへだてる壁を突き崩す。
・各階層をへだてる壁を突き崩す。
・各事業所をへだてる壁を突き崩す。
・主要なサプライヤーに呼びかけ、「顧客ニーズを満たすという共通目的のために力を合わせ、知恵をしぼる」活動に参加してもらう。

バウンダリレスこそが、生産性についてのGEの目標を達成する唯一の方法だと、ウェルチは言う。

バウンダリレスが実現すれば、官僚主義の無駄をなくす効果ははるかに大きい。

「究極的には、上司と部下の関係を見直すことになる。ヒエラルキーをなくし、部門を横断するチームを編成する。管理者をなくし、ビジネス・リーダーが組織を率いる。

従業員は指示を受けるのではなく、権限を与えられ、自分の仕事に責任をもつようになる。

一九九〇年代のわたしのビジョンは、開放的な職場にすることを基本にしている。従業員の能力をフルに活かしたいなら、従業員が自由に動けるようにし、全員が経営に参加するようにすべきだ。だれもがすべてを知り、各自が正しい判断をくだせるようにする」

一九九二年の年次報告書を執筆するころには、ウェルチは「バウンダリレス」に熱中していた。ウェルチはこう書いている。

「この行動指針（バウンダリレス）をもとに、ワークアウト制度を取り入れて、今年で四年になる。クレーン運転士のアイデアであろうと、地球の裏側の一企業のアイデアであろうと、すぐれたものであれば取り入れ、実行する。ワークアウトのおかげで、さまざまな革新的な手法を取り入れて、つねにスピードアップと改善を目標に、障壁を取り払っていくことができた」

コ・ロケーション（職場の共有）

「コ・ロケーションとは、バウンダリレスを極限化したもので、実に単純な手法だ。壁をすべて取り払い、各部門からスタッフを集めてチームをつくり、ひとつの部屋で、新製品を開発する。部屋はひとつ、コーヒーポットはひとつ、チームはひとつ、使命はひとつだ

製造部門でよく耳にする〈なんて馬鹿げた設計だ〉という愚痴は、これでもうなくなるだろう。設計作業に、製造部門、マーケティング部門、そしてサプライヤーが参加するからだ。顧客が参加することもめずらしくない

GEメディカル・システムは、このバウンダリレスのやり方で、新しい超音波製品を設計、製造した。家電の『プロフィール』シリーズも、GE90ジェットエンジンも、この方法で開発された。近い将来、GEのあらゆる製品・サービスがこの方法で開発されるようになるだろう」

一九九二年夏、ウェルチはこう言っている。

「バウンダリレス。まったく言いにくいし、長たらしい言葉だが、たとえば、インドネシアでジャカルタの社員と働くときも、バンドンの航空機エンジン工

場で働くときも、その二時間後にスハルト大統領に会うときも、同じ態度で接しろという意味である。役職や地位があるからといって、何か特権があるわけではない。われわれはみな、競争に勝ち残るために団結し、活動の一翼をになう義務がある。そこには、境界はなく、ヒエラルキーはない。アイデアを考え出す場所なのだ。アイデアだけが意味がある。会社に貢献できるのはアイデアだけであり、アイデアにこそ意味がある」

一九九二年十一月、ウェルチはニューイングランド・カウンシルで、こうスピーチした。

「バウンダリレスとは、あらゆる問題にすべての社員が立ち向かっていくことだ。活動に参加しない者はだれもいない。職務、人種、性別、国籍などによって、アイデアの軽重を判断することはない。

技術部門とマーケティング部門、GEとサプライヤー、GEと顧客、ジャカルタや上海に対する偏見とボストンやデモインの優越感、男性と女性、民族と民族。こうした壁が、深刻なものであれ、つまらないものであれ、仕事の進行を遅らせ、いくらでもあるチャンスをつかむために欠かすことのできないスピードを損なうことは、これまでいやというほど痛感させられてきた」

一九九三年四月十八日、インディアナ州フォートウェインでひらかれたGEの年次株主総会でも、「**境界のない企業**」の意味をくわしく説明している。

「GEの業績は好調で、これからもいっそうの成長が期待できるが、それは高度な戦略や画期的な技術に支えられているからではない。経営能力や手腕を讃える人がいるが、それも違う。それどころか、GEが好調な原因のひとつは、経営管理がすぐれていることではなく、経営管理を減らしていることにある。その方がうまくいくのだ」

ヨコ割りの境界

「ヨコ割りの境界は、サプライヤーとGE、顧客とGEの間にあり、GEの内部にある。マーケティング部門は製品仕様を決めて技術部門にわたし、技術部門は設計を製造部門にわたし、製造部門は設計を製品化する。長くて遅い直列的な流れになっている。

サプライヤーと顧客は当社の境界の外にいたので、この過程に参加することはなかった。しかし、GEはいまあらゆる人に参加してもらおうと考えている。サプライヤーから顧客にいたるまで、あらゆる人がこの過程の始めから終わりまでに加わり、アイデアを同時に提供するのだ」

タテ割りの境界

「そして、タテ割りの境界がある。タテ割りの境界とは、階級や組織を分けるヒエラルキーのことで、大企業ならどこにでもある。階層化が進むと、それぞれが壁の内側に閉じこもるようになり、仕事は遅くなる。円滑なコミュニケーションが阻害される」

一九九三年夏には、バウンダリレスはGEの中心理念のひとつになっていた。

「縄張りに固執し、自己中心的で、情報の共有を嫌い、アイデアを探し求めようとしない者は、ここに参加する資格はない。境界を取り払うことは、互いにジャブをかわして、楽しむようになることを意味する。縄張りを守ろうとする者が出てくれば、喧嘩になるだけだ。組織は形式ばらず、伸び伸びし、信頼しあえるものでなければならない」

こうした境界を取り払う活動のなかでとくに注目すべきなのは、事業部門間の協力体制だ。つねにシナジー効果を追求し、ばらばらの部分の合計よりも、全体のほうが大きくなることを証明しようとしている。ウェルチはこの考え方を「**統合された多角化**」と呼んでいる。

ウェルチが「統合された多角化」を推進しようとしたのは、GEもコングロマリットのひとつにすぎないという批判に反論したかったからだ。

「GEはコングロマリットとはほど遠い存在だ。コングロマリットとは、共通テーマをもたない事業部門の集まりだ。GEには共通の価値観がある。クロトンビルではリーダーシップ教育をおこなっている。総合研究所があり、すべての事業部門のために研究している。GEは中央集権型の企業としてのあらゆる資源をそなえている。そして、過去一〇〇年以上にわたり、さまざまな事業を手がけ、時代の変化を先取りしてきた」

GEにはさまざまなシナジー効果がみられるとウェルチは言う。電機製造業を核とする経営からの多角化に着手して以来、人材、資金、技術力を全社的に活用するよう努力してきた。

GEでは以前にも、ポストに空きがあれば、航空機エンジン部門から照明部門に管理職を異動させることがあった。ウェルチの時代になっても、このような人事政策は変わっていない。そして、さらに、ある事業部門のチームを別の事業部門に派遣して、問題解決に協力するようにしている。

一九八〇年代末から九〇年代初めにかけて、ウェルチは可能なかぎり「統合された多角化」を実践しようとした。

この「多角化」を活用した事業部門のひとつが、GEキャピタルだ。GEキャピタルは、民間航空機エンジン、機関車、発電機器など、事業部門が製造するあらゆる設備機器のためのファイナンスをおこなっている。

スケネクタディの研究開発センターでも、数多くのシナジー効果が生みだされた。医療システム向けに開発した撮像技術が、航空機エンジン事業で高性能のエンジン検査器に使われている。航空機エンジン事業向けに設計された高度な切削・塗装技術が発電事業でも使われている。こうした例はほかにもたくさんある。

そろそろウェルチの狙いがわかってきたのではないだろうか。ウェルチの経営理念の狙いのひとつは、製品の販売を妨げる社内の要因をすべて取り払うことだ。

しかしもっと重要なのは、自社の事業をよく観察して、どの部分が効率化を妨げているかを検討することだ。

そうした部分をみつけだすためには、事業のあらゆるプロセスを新鮮な目で観察しなければならない。そして、こう問いかけてみる。ひとつひとつのプロセスは、製品を市場に一刻も早く送り出すことに貢献しているだろうか。

もしかすると、仕事を遅らせているだけかもしれない。

このように問題をたてていれば、事業を成功に導くことができる。いますぐこの問いに答えていけば、事業を短時間で改善することができるはずだ。

26

従業員に権限を与える。

【ウェルチ語録】

従業員の力を活用するには、従業員を保護し、抑えつけずに自由な活動を許すべきだ。経営管理組織の重荷を取り払い、官僚体制の束縛をなくし、部門間の障壁を取り除くべきだ。

アメリカの勤労者はいまでも、生産性でもイノベーションでも世界でもっとも優秀である。スピードを速め、生産性を高め、競争力を強化するには、こうしたアメリカの勤労者のエネルギーと頭脳を活性化し、素朴な自信を活かさなければならない。

ウェルチは一九八〇年代初頭に企業改革の第一段階に着手した。改革でGEは大きく変わった。

・事業部門数を三五〇から一三に削減した。
・電機製造業を中核とする企業ではなくなった。
・ハイテク事業とサービス業に焦点をあてるようになった。
・工場をつぎつぎと閉鎖した。
・老朽ビルを解体した。
・生産現場に最新の設備を導入した。
・工場を新設した。
・経営組織の階層を削減した。
・人員を二五％削減し三〇万人（九八年末で二三万九〇〇〇人＝訳注）にする一方で、増収増益を達成した。

ウェルチはこの時期を「ハードウエア再編期」と呼んだ。
この改革で採算性は向上したが、従業員は混乱した。従業員の価値観の基準がつぎつぎと失われていったからだ。

従業員は新しい工場に移り、新しい上司を迎え、新しい仕事につくことになった。昇進の目標にしてきたポストが消えた人も少なくない。

そのうえ、新しい人材が採用され、残り少ないポストを争うようになった。「ハードウエア再編期」を生き残った社員が混乱するのも無理はない。

一九八〇年代も末になると、ウェルチも改革の方向を転換する時期が来たと気がついた。深刻な問題にぶつかっていたのだ。

以前よりかなり少なくなった従業員は、以前よりはるかに高い生産性を達成するよう期待されていた。しかし、会社はまだダウンサイジングの余震に揺れていた。終身雇用を保証されなくなった従業員が、以前と変わらない労働意欲をもつようにするには、どうすればいいのか。

ダウンサイジングの影響で、従業員は仕事の負担が重くなったと感じている。機械の歯車として身をすりへらすのではなく、事業の「オーナー」になったのだという意識を、従業員にもってもらえる方法を探し出す必要があった。

一九八八年秋には、ウェルチは改革の第二段階に着手する準備をととのえていた。最善の道は、従業員に権限を委ねることだと思った。それが改革の重要な第一歩になる。

一九九二年一一月一一日にマサチューセッツ州ボストンのニューイングランド・カウンシルのスピーチで、ウェルチは権限委譲の考え方を説明した。

「ソ連が崩壊して、危険な敵はいなくなったと言われているが、それは間違っている。たしかに、ソ連に打ち負かされる危険はなくなった。しかし、アメリカ経済が、官僚主義や官僚に打ちのめされる危険はまだ残っている。

アメリカの勤労者はいまでも、生産性でもイノベーションでも、世界でももっとも優秀である。スピードを速め、生産性を高め、競争力を強化するには、こうしたアメリカの勤労者のエネルギーと頭脳を活性化し、素朴な自信を活かさなければならない。

従業員の力を活用するには、従業員を保護し、抑えつけずに自由な活動を許すべきだ。経営管理組織の重荷を取り払い、官僚体制の束縛をなくし、部門間の障壁を取り除くべきだ」

それまでは管理職の責任だった生産性の向上を、工場の従業員ひとりひとりが担うことになる。

ウェルチはこれを「**エンパワメント（権限の委譲）**」と呼んだ。

「GEではこれまで、従業員に指示を与えるのが一般的だった。従業員は指示されたとおりに仕事をし、それ以外のことはいっさいやらなかった。いまでは、経営サイドが指示をしなければ、従業員はこれだけ仕事をするのかと、日々驚いている」

エンパワメントは、まったく新しいコンセプトだった。

電機部門の工場で働く中年の従業員はこう言っている。「GEはこれまで二五年間、わたしが身体を使ってする仕事にしか給料を払わなかった。わたしにも、脳ミソはあったのに」

従業員に対する厳しい監視や管理をなくすのは、GEにとって容易ではなかった。

現場の従業員が突然、自分たちで方針を決定し、アイデアを提供し、スケジュールを立てるようにすれば、独裁者のようにふるまってきた管理職はとまどうだろう。毎朝、従業員は工場の入り口に頭を置いてくるんだと、管理職はよく冗談を言っていた。

管理職と従業員が事業の改善のために協力しあうことはなく、どちらも悪意の目で相手をみていた。

一九九一年春、従業員の一人がウェルチにこう言った。「われわれは勤務時間の九〇%を、どうやって管理職をねじふせてやろうかと考えながら過ごしていた。しかし、管理職は勤務時間の九五%を使って、どうやって従業員をねじふせてやろうかと考えているのだから、これでいいのだ」

労使の関係がうまくいっているときでも、仲間意識はなかった。管理職は命令し、従業員は黙って従うだけだった。

スケネクタディの発電機部門の機械工、ウォリー・クルーテスはこう言っている。

GEは従業員の反応を求めていなかった。作業台のまえに立って、監督の指示を待つのが毎日の日課だった。不満があっても、管理職に訴えるなど考えもしなかった。労働組合に訴えていた。監督がモーゼのような人だったとしても、まったく関係はなかった。

ウェルチはこうした従業員の怒りをやわらげることができたのだろうか。この機械工と同じように感じている一般従業員の心をつかみ、頭を活用できたのだろうか。

工場の従業員が楽しく仕事をできるようにすれば、生産性は向上するのだろうか。職場の日常的な問題の解決をまかせれば、従業員はリストラのショックから立ち直り、勤労意欲を取り戻すのではないかと、ウェルチは考えた。

会社と利害をともにしていると従業員が感じるようになれば、外の人が目をみはるような共通の目的意識を、従業員に注入できるかもしれない。

ウェルチはかねてから、株式市場でGEの事業戦略に対する評価が低いことに悩まされていた。ウェルチの戦略では、事業の焦点を定め、一貫性をもたせる力が弱いとみられていた。年次報告書に掲載する株主への挨拶で、明快なメッセージを伝えるだけでは不十分だったようだ。

従業員に権限を与えるのを、七年間も待ったのはまずかったかもしれない。しかし、もっと早い時期に踏み切るのは現実的ではなかった。そう考えると、すこしは慰めになった。

GEにとっては、激変の時期だった。毎朝出勤するたびに、自分の仕事は大丈夫なのかと胃の痛む思いをした従業員が多かった。

何万人もの従業員が解雇され、何万人もの従業員が採用されていた。変化がここまで急激で、先がみえない状況では、生産性と労働意欲を高める計画を発表しても、従業員に受け入れられなかっただろう。

「**官僚体質がしみついた組織に、いきなり権限を委ね、制約を解き放ち、活性化しようとしても不可能だ。従業員にショックを与えるだけで、真意は伝わらないだろう。従業員の理解と信頼を得られないだろう**」

そう考えたウェルチは、一九八九年まで待つことにした。

そこまで待って、改革の第二段階に着手した。

そして、新しい改革を「**ワークアウト**」と呼んだ。

あとで説明するように、ワークアウトとは、従業員を支援し、気持ちよく働けるようにするものだ。会社にとって、自分は大切な人間だと、従業員に思ってもらうのが目的だ。

経営者にとって、従業員の解雇はきわめてむずかしいと思えるだろう。しかし、もの言わぬ従業員に意思決定を委ねるのも、同じようにむずかしい。

しかし、それこそ、ウェルチが提唱したことだった。博愛精神で従業員に親切にしようというのではない。経営者の立場で、工場労働者のほうが頭がいいと感じていたわけでもない。

ウェルチが言おうとしていることは、まったく違う。従業員を事業に不可欠の要素として扱えば、従業員の生産性は高まると主張しているのだ。

そうなれば、経営にもプラスになる。

経営者にとって何よりも大切な経営権を、従業員に引き渡すことなど、とんでもないと思うかもしれない。しかし、やってみるべきだ。

ウェルチの提唱する従業員へのエンパワメントを思いきって試してみることだ。従業員の意識は飛躍的に高まり、満足のいく結果が生まれるはずだ。

ウェルチはこの方針によって、とてつもなく大きな力を活用できるようになった。それは、会社にとって重要な存在でありたいという従業員の意欲だ。

こうした意欲を活用するのは、だれにでも可能である。しかし、経営陣はある程度の犠牲も覚悟しなければならない。

経営管理を減らすのはかならずしも容易ではない。

しかし、ウェルチのケースをみてもわかるように、そうするだけの価値はある。

27

従業員が自由に発言できる環境をつくる。

【ウェルチ語録】

クロトンビル（経営開発研究所）でいま、行われていることをしっかりと把握し、それを全社的に推進していかなければならない。現場の問題を解決できる上司に、現場従業員が直接話せるような環境づくりをしなければならない。

一九八八年のある日、ウェルチはクロトンビルの経営開発研究所を訪れた。レクチャーホールの「ピット」には、上級から下級までさまざまなレベルの管理職が集まっていた。参加者から熱心な質問がつぎつぎに出された。以前とは違った種類の質問だった。

経営方針についての質問ではなかった。今後の業績について、たずねる者もいなかった。このときの質問は、仕事についての積極的で具体的なものばかりだった。自分たちはGEの価値観を信じている。問題は、上司がそれを信じていないことだ。

ダウンサイジング、組織階層の削減という目的は正しいかもしれないが、現場ではまともに実行されていないという声もあった。

重要性の低い業務を削減するのが目的だと思うが、それは実践されていない。上司の要求がどんどん増え、自分たちはますます時間に追われている。

「GEは世界一の企業だというのなら、なぜわたしは毎日、家に帰るときに、ここまでみじめな気持ちになるのか」という質問さえあった。

社員の不満を、こう代弁する者もいた。

「クロントビルで研修を受けているときは、会長のメッセージが理解できる。ここには意見交換のチャンスがある。そのチャンスをわたしは活かしている。しかし、事業所に戻ると、そうはいかない。ここでのように物事は進まない。上司との話し合いの場がないからだ」

経営改革によって、GEの生産性は年に四〜五％伸びることになった。それまでの二倍の伸び率だった。

事業ポートフォリオが見直された。

レイオフが断行された。

しかし、管理職は残っている。いまでも部下を思う気持ちはないようだ。部下はこれまで以上に働くはずだと考え、とても重要とは思えない仕事をさせている。

ウェルチはいつものように、率直な態度でのぞんだ。

可能なかぎり疑問に答えた。

答えられないときはこう言った。「わたしにはわからない。むずかしい問題だが、仕事場に戻ったら、しかるべき上司に勇気を出してたずねてほしい」。

セミナー終了後、ウェルチはこのときの意見や疑問について考えた。本来、事業所で検討すべき問題がくりかえし提起されたのには、いささかうんざりした。

ウェルチは、「それはわからない」、「それはわたしの仕事ではない。きみの仕事だ」、「申し訳ないが、なぜそんな馬鹿げたことをやっているのか、どうしてそれを改めようとしないのか、わたしには理解できない」と、何度答えたことか。

なぜ、現場で話し合いをしないのか。

しばらく考えて、ウェルチは気がついた。

それは、GEがいまでもヒエラルキー組織だからだ。つまり、

・上級幹部は中級幹部としか話し合わない。

・中級幹部は下級幹部としか話し合わない。

・従業員と直接話すのは、下級幹部だけだ。

従業員は管理職と話し合うものとは考えられていない。ただ働いていればいいと、考えられている。

こうした硬直的な指揮命令構造に、終止符を打つべきではないか。

ピットでウェルチに激しい質問をあびせた人々の活力や能力を活用すべきではないか。

ピットでぶつけられた疑問に答えられる上司に、部下と直接話し合いをさせなければならない。

そうすれば、下級管理職がGE革命に加わることになるだろう。最上級の幹部に問題はない。しかし、組織の下部では、いまだにヒエラルキー意識が根強い。無駄な報告書がいくつもあり、大勢の管理職が変化に抵抗している。

ウェルチは、自分の考えをクロトンビルのジム・ボーマン所長に話した。

「クロトンビルでいま、行われていることをしっかりと把握し、それを全社的に推進していかなければならない。現場の問題を解決できる上司に、現場従業員が直接話せるような環境づくりをしなければならない。参加者がわたしに不愉快でむずかしい問題を投げかけてくるのは、それを話せる相手がいないからだ。問題は、わたしには参加者の生活を変える力がないことだ。彼らの言いたいことはよくわかる。しかし、わたしはヘリコプターに乗って自宅に帰ってしまう。従業員の問題を解決することはできない」

ウェルチはそれから対応策を考えた。

GE革命の第一期で、ハード面の問題を解決したというなら、ソフトである従業員の問題に対応する時期にきている。

何十万人もの従業員が不満をつのらせている。そして同時に、機会があれば、意見交換を希望している。

この熱意を活用しない手はない。

しかし、どうしたら活用できるだろう。

クロトンビルでセミナーをひらくだけでは不十分なことはあきらかだ。経営者のスピーチをおさめたビデオを配っても不十分だ。年に一度のスピーチでは不十分だ。

管理職と現場の従業員が話し合うべき時期がきたようだ。日常業務をどう改善するか、管理職と従業員がいっしょに検討する時期がきた。

ウェルチが自分のデスクを離れてピットに立ったように、各事業部門の責任者も従業員と直接話し合うべきだ。

上級管理職にとって、リスクはたしかにある。

GEは経営手法に誇りをもっている。何年か前に、経営戦略についての本も出している。

経営を、有能な経営陣から、未熟な「兵卒」に引き渡す準備が、ほんとうにできている。

いるのだろうか。

経営管理をしないとすれば、管理職というのはいったい何なのか。ウェルチにはリスクを負う覚悟ができていた。管理職だけがアイデアを出すのがいいとは思えなかった。管理職だけが日々の問題の解決策を考え出すことがいいとは思えなかった。生産性に貢献する独創性やイノベーションのほとんどは、現場に密着している従業員がもっていることに、ウェルチは気づいたのだ。どういう問題があり、それをどう解決すればよいかを知っているのは、現場の人間である。そこに気づいたからこそ、ウェルチは従業員を解放する計画を考え出したのだ。

この考え方は、企業経営の観点からみて意味があるだけでなく、アメリカという国にもぴったりあてはまる。

アメリカでは、企業活動がもっとも自由におこなわれている。それに近いのはイギリスぐらいだ。


「アメリカの制度の特徴は自由だ。わたしのような人間が、一代でGEの会長

になれる。有能な若いエンジニアは、GEでスピード昇進できる。官僚主義や硬直性を許していれば、GEは世界市場で競合企業に負けてしまうだろう。市場が保護されているわけでもないし、政府が守ってくれるわけでもないし、大統領と親密な関係もない。そんな条件はわれわれにはない。しかし、従業員が伸び伸びと力を発揮し、従業員が考え出したアイデアの中から最善のものを取り入れるようにすれば、われわれに勝つチャンスはある。

従業員の解放にしろ、エンパワメントにしろ、啓蒙活動ではない。競争力強化に不可欠なものだ。グローバルな市場では、それが競争上の強みになる。従業員を解放しなくてはならない」

ウェルチは「ワークアウト」という野心的な一〇年計画を立て、GE全体の企業文化を変えようとした。「ワークアウト」がはじまったのは一九八九年のことだ。これは、ディベートの概念を企業全体にひろげる試みでもある。

ほかの企業もワークアウトに取り入れられたアイデアをいくつか試してきた。しかし、GEほど大規模に導入したところは一社もなかった。

一九九四年の初めには、ＧＥのほぼ全従業員がワークアウトに参加するようになっていた。

ワークアウトでは多くのことを行う。そのひとつは、管理のあり方を見直すことだ。いまでは、従業員の意見に耳を傾けることが、管理職の仕事のひとつになった。ワークアウトは、ウェルチの言う「境界のない企業」をつくる支えになることを、主な目的としている。

「企業内の境界で従業員が苦労しないようにするために、ワークアウトはある。何度も承認をとり、作業が重なり、大袈裟で、無駄なことが、われわれの周囲にはいくらでもある」

28 現場の声を聞く。

29 無駄な仕事を排除する。

【ウェルチ語録】

従業員の創造力を活かし、アイデアにもっとよく耳を傾け、組織全体からより多くのアイデアを引き出すようにしたいという気持ちから、われわれは「ワークアウト」という制度を考え出した。

ウェルチには、従業員を解放する準備ができていた。ワークアウトを進めるにあたり、ウェルチは四つの目標を重視していた。

一．信頼関係を築く

・従業員が抵抗なく上司に意見を伝えられるようにする。
・従業員が解雇されはしないかと恐れずに、率直に意見を言えるようにする。
・そうした公平さによって、従業員の知識やアイデアを引き出し、企業活動に活かすことができる。

二．従業員に権限を委ねる

・現場に密着している従業員は、上司よりも業務知識が豊富だ。
・その知識を従業員が上司に伝える最善の方法は、従業員にもっと権限を委ねることだ。
・権限を与えられた従業員は、自分の仕事にもっと責任を負うように期待される。

三．無駄な仕事を排除する

・生産性の向上が最大の目標だ。

・だれがみても正当化できない仕事をやめることも、同じように大きな目標だ。

・そうした仕事をやめれば、従業員はワークアウトの成果を短期間で具体的に実感できる。

四．企業文化をひろめる

・ワークアウトが企業全体に定着すれば、境界をなくし、従業員がスピード、簡潔性、自信を追求するという、自分のめざす新しい企業文化を確立し、育てることができるだろう。

ウェルチはワークアウトの詳細について検討をはじめた。

従業員が上司に直接意見を伝えられるようにしなければならない。このことがカギだった。

そして上司は、できれば、その場で答えなければならない。

ニューイングランド地方には、タウン・ミーティングという制度があり、市民は地域の代表者と話し合うことができる。この方式は応用できそうだ。

タウン・ミーティング

すべての部門がタウン・ミーティングをひらく。ミーティングは三日間おこなわれる。

上級幹部、中間管理職、正社員、時給従業員など、すべての層から五〇人前後が出席する。

冷えきった関係を打破し、対話がはじまり、意見交換が活発になるように、外部から招いたコンサルタントや経営の専門家が同席する。

外部の人々の役割は、参加者が率直に自分の意見を言えるように力づけることだ。

まず最初に事業責任者が、その部門の長所と短所をあげる。また、ＧＥの経営戦略の中でどのような位置を占めているのかを説明する。

残りの二日間で、参加者が自分たちの部門を次の四点から評価する。

報告

会議
評価基準
承認手続

意義があるものはどれか。
意義がないものはどれか。

自分で自分の首を絞めるようなことを、少しでも減らすには、何を削ればいいのか。ミーティングの狙いは、**自由に意見を述べる**ことだ。

まずは簡単なテーマから話し合う。クロトンビル研究所のジム・ボーマン所長は、こうしたテーマを「低く垂れ下がる果実」とうまく表現した。あまり努力しなくても解決できる問題について、出席者が自分の意見を言うようにする。

だれも指摘しないまま長い間放置され、生産性向上を妨げていた無意味な慣習が、問題に取り上げられる。

上司にはっきりとものを言うことに抵抗がなくなれば、もっと率直な話し合いができるようになるはずだ。そうなれば、もっと困難な問題も解決できるようになるだろう。

その目的は「**GEの組織がもっと、スピード、簡潔性、自信をもてるようにすること**」だ。

スピード

簡潔

自信

この三つが、**ウェルチの従業員革命**の主要目標になった。

さて、このプロセスに名前をつけなければならない。

ウェルチは、GEから無意味なものを「取り除く」ことが大切だと伝えたかった。

組織のぜい肉を削ぎ落とし、活性化させる「トレーニング」に加わるよう求めたかった。

「解決」しなければならない問題に積極的に取り組むよう訴えたかった。

そこで、ウェルチはこの計画を、「取り除く」「トレーニング」「解決」を意味する「ワークアウト」と名づけた。

ワークアウトという名前を聞いて、ダウンサイジングをさらに進めようとしていると誤解する者もいた。ワークアウトは人員整理に体裁のいい名前をつけたものではないかという声もあった。

ウェルチは強く否定した。

社内で話し合いの機会をもうける計画、そして外部からアイデアを取り入れる活動の両方が、しだいに「ワークアウト」の呼び名でひろまった。

ウェルチは、ワークアウトについて、こう説明している。

「不必要な階層や組織を取り払い、官僚主義がきまって発する役に立たない雑音を取り去ると、組織の奥深くまで見渡せるようになった。現場で作業し、作業工程を動かし、顧客とじかに接する従業員の声が、聞こえるようになった。すばらしい改善のアイデアが寄せられるようになった。

従業員のそうした独創性を引き出し、アイデアに耳を傾けたい。組織全体からもっとアイデアを引き出したい。そう考えて、ワークアウトをつくった。ミーティング、チーム活動、トレーニングなど、ワークアウトにはさまざまな活動がある。だが、ワークアウトのもっとも重要な目標は、すべての従業員のアイデアが評価され、すべての人々が経営に参加する企業文化、上司が管理ではなく指導していくような、指示ではなく教育していくような企業文化をひろめていくことだ。アメリカの勤労者は、世界一創造力があり、権威にとらわれない。世界一エネルギッシュで、独立心が旺盛だ。こうした創造力と生産性を活用するのが、ワークアウトだ」

30

従業員の中に入り、あらゆる疑問に直接答える。

【ウェルチ語録】

これまで時間と労力の提供しか求められなかった従業員が、頭脳と意見を求められるようになった。従業員のアイデアに耳を傾けた結果、現場に密着している従業員こそ、仕事についてよく知っていることがいっそう明らかになった。

一九九四年初めまでには、ＧＥのほぼ全社員がワークアウトに参加するようになっていた。

毎日、二万人前後の従業員がワークアウトに参加していた。

「タウン・ミーティング」は一九八九年にはじまった。正社員と並んで時給従業員も参加した。

従業員も管理職も、綿パンとＴシャツといった普段着で参加することになっている。服装で立場がわからないようにするためだ。

セッションは三日間にわたり、通常は職場をはなれて、会議施設で行われるが、管理職は最初の二日間、セッションに参加することはできない。

はじめは、会場に近づくことはできず、もし会議の進行を妨げれば、その後の昇進に支障がでると言い渡される。

そして、三日目から会議に出席し、従業員との話し合いをはじめる。

ワークアウトでは、質問にその場で答えなければならない。この規則のために、質問の八〇％には、その場で回答が出されている。検討が必要な場合でも、管理職は一カ月以内に回答しなければならない。

最初は、管理職と従業員の間に、みえない壁が大きくたちはだかり、話し合いは流れるようには進まない。

しかし、回を重ねるごとに、自由に意見が交わされるようになる。ひとりが勇気をふりしぼって発言する。

疑問が提起される。問題点が指摘される。実に簡単な方法だが、実行するとなるとむずかしい。

管理職が部下の意見を真剣に聞くのをみて、出席者はびっくりする。

管理職はしずかに、辛抱強く耳を傾ける。

管理職はすっかり胸襟をひらき、兵卒が将校に異議を唱えることをまったく気にしないようだ。

こうしていったん緊張がとければ、ほかの従業員も、発言を求めて手を上げはじめる。

管理職はふたたび意見に耳を傾け、その場で即座に疑問に答える。

まもなく会場のあちらこちらで、つぎつぎと手が上がりはじめる。

しかし、すべてのワークアウトがこのようにスムーズに進行するわけではない。提案があるので話し合いたいと経営陣が言ってくれれば、労働組合員はそれがどんな提案であれ、当然のことながら警戒する。

ワークアウトはもちろんふつうの提案ではない。意思決定権を従業員にゆだねる提案だ。労働組合が警戒するのも無理はない。

しかし、労働組合は経営陣の説明に耳を傾けた。

上級管理職がうまく説明できないこともあった。そうなると、組合員の疑念はいっそう強まる。

スケネクタディ事業所でワークアウトがはじまったのは、一九九〇年秋のことだった。工場の時給従業員が参加した。セッションは、はじめのうちは思うように進まなかった。

組合員にとって、ワークアウトは仲間について不平をぶちまける機会という以外のなにものでもなかった。ある者は、仕事中にだれかが新聞を読んでいたと言い、ある者は、仕事仲間が機械のかげに隠れて一日中仕事をさぼっていたと言う。

タウン・ミーティングを「告げ口集会」にしないためにはどうすればいいだろうか。

仕事をさぼったとか、上司の陰口をたたいたなどという告げ口の応酬ではなく、もうすこし有意義なミーティングにできないだろうか。

このことが、ワークアウトの大きな課題となった。

スケネクタディでも、ほかの事業拠点でも、経営陣の狙いは勤務態度を改めさせることでも、怠け者を探し出すことでもないらしいと労組が気づきはじめたのは、しばらくたってからだった。

GEサプライでおこなわれた初期のワークアウト・セッションでは、就労問題をふたつのカテゴリーに分け、それぞれ「ガラガラヘビ」「ニシキヘビ」と名づけた。ガラガラヘビは大きな音をたてるので、すぐみつけて、退治できる。ニシキヘビは音をたてないし、木に巻きついている。退治するのははるかにむずかしい。

このふたつのカテゴリーを使うと、GEの状況が実にうまく説明できることがわかった。

GEは、ニシキヘビに巻きつかれた木のように、官僚主義の縄に縛られていることが多かった。そこで、単純な問題から複雑な問題まで、さまざまな問題に取り組み、この縄をほどいていくことになった。

すぐに解決できる単純な問題は「ガラガラヘビ」、時間と労力を要するむずかしい問題は「ニシキヘビ」と呼ばれることになった。

「ガラガラヘビ」の一例を紹介しよう。

ある工場で発行している社内報は、高い人気と評価を得ていた。しかし、編集を担当する若い女性には、強い不満があった。

ワークアウト・セッションがひらかれるのを心待ちにしていたその女性は、上司に不満を爆発させた。

女性編集者は、タウン・ミーティングで、こう訴えた。

社内報を発行するのに、毎月七人の上司の承認サインをもらわなければなりません。社内報は評判がよく、批判を受けたことはありません。賞もいくつか、もらっています。それなのに、なぜ、七人ものサインが必要なのでしょうか。

上司は驚いた。「それはひどい。そんな状況だとは知らなかった」

「いえ、実際そうなのです」

「わかった。今後サインは一切必要ない」

編集者の顔は、ぱっと明かるくなった。

これは、比較的簡単な「ガラガラヘビ」のケースである。こういうたぐいの問題は、簡単にみつかる。したがって、その場で解決できる。

社内報の問題も、実際にその場で解決された。

では、「ガラガラヘビ」の事例をもうひとつ紹介しよう。あるタウン・ミーティングで、工場労働者がこう切り出した。


わたしはGEで二十年働いている。毎日まじめに出勤し、賞ももらっている。この会社は大好きだ。子供たちを大学にやることもできたし、暮らしも楽になった。しかし、不合理だと思うことがあるので、ここでお話ししたい。


この工員は高価な機械を運転しており、作業中、手袋をはめなければならない。手袋は一か月に何回もすりきれる。

新しい手袋が必要になると、手すきの工員にたのむか、だれもいないときは、機械の運転を止める。別棟の備品室に行き、用紙に必要事項を記入する。それから工場監督を探し出し、用紙に承認のサインをもらわなければならない。

そして、備品室に戻り、用紙を提出すると、やっと手袋が支給される。

「馬鹿げた話だと思います」

「わたしもそう思う。なぜ、そんなことをやっているのだろう」。会議室の正面に立っていた事業部門責任者が問いかけた。

うしろのほうから、だれかが答えた。「一九七九年に手袋が紛失したからです」

責任者はこう命じた。「手袋が入った箱を、現場の作業員の手のとどくところに置いておくように」

「ガラガラヘビ」の例をもうすこし紹介しよう。

スケネクタディの研究開発センターでワークアウトに参加していたある従業員は、管理職だけに特別な駐車スペースが割り当てられているのはなぜかと質問した。正当な理由を考えられる者はだれもいなかった。管理職専用の駐車スペースはなくなった。

連絡業務担当者のワークアウト・セッションでは、ある秘書が、上司の吸い殻をかたづけるために自分の仕事を中断しなければならないのはなぜか、とたずねた。そして、秘書の机に灰皿を置いてから外出するようにしてもらえないか、と訴えた。

この疑問にまともに答えられる者はいなかった。その結果、吸い殻の処理という非生産的な作業は、秘書の仕事ではなくなった。

発電機器事業のワークアウト・セッションでは、購買部門が熔接機械を買うときに溶接工と相談しないため、不適当な機械を選んでしまう場合があると指摘された。機械発注のためにメーカーを訪ねるとき、溶接工も行くべきではないかという意見だった。

管理職はためらわずに、「そうしよう」と答えた。

社内報の発行に七人がサインする手続きを廃止する。管理職専用の駐車スペースを撤廃する。灰皿の吸い殻を自分で始末するようにする。こうしたことには、時間もかからないし、内容を検討する必要もほとんどない。

こうした問題はすべて、簡単にもぎとることのできる「低く垂れ下がる果実」なのである。

ささいなことでも、やさしい問題から次々と解決されていくにつれ、従業員の仕事への意欲は高まり、職場の空気も明るくなっていった。

リーダーシップの秘訣

31

スピード、簡潔、自信。

【ウェルチ語録】

いまもっとも警戒すべきなのは、80年代に成功した方針をそのまま推し進めていけば、90年代を勝ち残れるという発想だ。それではうまくいかない。

アメリカの勤労者はいまなお、生産性でも、イノベーションでも、世界でもっとも優秀だ。スピードを速め、生産性を高め、競争力を強化するには、こうしたアメリカの勤労者のエネルギーと頭脳を活性化し、素朴な自信を活かさなければならない。

一九八〇年代末から九〇年代初めにかけ、ウェルチはGEの将来像を描きはじめた。

ウェルチの描いた将来像は、アメリカのすべての巨大企業がどうすべきかを示す処方箋ともなっている。

一九八九年九月、ウェルチはこう言っている。

「一九八〇年代には、企業は変革を迫られた。慢心した企業や小心の企業は、敵対的買収の餌食になった。製造業では一〇〇〇万人の職が失われ、サービス業へ移動した。一七〇〇万人の雇用があらたに創出され、失業率は過去一五年間で最低になった。アメリカ企業は事業をグローバル化していった。八〇年代のこうした改革は、功を奏したようだ。

いまわれわれがもっとも警戒すべきなのは、八〇年代に成功した方針をそのまま推し進めていけば、九〇年代を勝ち残れるという発想だ。それではうまくいかない。生産性は八〇年代に大きく回復したが、それでもまだ日本より低い。競争はいちだんと激化し、複雑になっている。八〇年代の初めには、日本だけが強力な競争相手だったが、いまは、ヨーロッパ、韓国、台湾が台頭している。韓国と台湾はかつては労働集約的な電気製品の外注先だったが、いまではエレクトロニクス、自動車、鉄鋼など、多くの分野で強力になっている。東アジアの他の国もそのあとに続いている。

こうしたなかで、八〇年代に効果を発揮したハードウエアの再編をさらに進めるだけでは、九〇年代を勝ち残ることはできない。

重要なポイントは、八〇年代はぶらぶら散歩していたようなものだと思えるほど、九〇年代は競争環境が厳しくなることだ。

アメリカが九〇年代を勝ち残るためには、どうすればいいのだろうか。

生産力を継続的、飛躍的に拡大するカギは何だろうか……。

九〇年代には、企業のソフトウエア、企業を動かす文化に目を向けなくてはならない」

ウェルチによると、企業文化を抜本的に変えるというのは、次のことを意味する。

・報奨制度よりも進んだ考え方を模索すること。

・ハウツー本に書かれている数々のアドバイスよりも進んだ考え方を模索するこ

と。

・たったひとりで企業を救い出し、改革を成し遂げるワンマン・リーダーよりも、進んだ考え方を模索すること。

「いま必要なのは、一歩一歩の改革ではなく、革命だ。生産性や仕事についての考え方を、根本から変えなければならない。そして、組織のすべての人が、毎日毎日、革命を進めるようにしなければならない」

ウェルチはそうした考え方を「**スピード**」「**簡潔**」「**自信**」の三つの言葉に集約した。

スピードを実現できたのは、無駄な会議や書類の作成に何カ月も費やすのをやめて、当事者同士が直接話し合って、数分で決断をくだすようになったからだ。

「一九八〇年代に、管理を減らせば、組織がスピードアップすることを発見した。GEがかつて構築した経営組織は、その時代には適しており、ビジネス・スクールの注目をあびた。事業部、戦略事業単位、グループ、セクターなどはすべて、意思決定を緻密にすると同時に、決定内容を社内にスムーズに伝えられるようにするものだった。この結果、仕事は洗練されてきた。七〇年代にはうまく機能した。しかし八〇年代になると、むしろ足枷になってきた。九〇年代には敗北への道になるのだろう。

そこでわれわれはこのシステムを廃止した。それまで勤務時間の半分はシステムのために働き、残りの半分はシステムと戦うことに費やしてきた人々が、急に生気をとりもどし、すばやく意思決定ができるようになった。しかし、このときの改革や再生の対象は、おもに上級管理職だけだった。九〇年代のテーマは、こうした変革を全社にひろめ、活性化をうながすことだ」

簡潔

簡潔とは、さまざまなことを意味する。

「エンジニアにとって簡潔とは、すっきりし、機能的で、部品数が少ない設計を意味する。製造部門では、製造工程を高度かどうかで評価するのではなく、現場の人間にわかりやすいかどうかで評価することを意味する。マーケティングでは、消費者や得意先にわかりやすいメッセージを送り、明快な提案をすることを意味する。そして、もっとも重要な人間関係のレベルでは、わかりやすく話し、率直、誠実であることを意味する」

リーダーの最重要任務であるビジョンの提示にも、簡潔は不可欠だった。

「リーダーは、第一に明快で、第二に現実的なビジョンを構築するために、あらゆる無駄や障壁を取り除くよう、つねに心がけなければならない。また、部下がリーダーに対して、わかりやすい説明や目標の設定を自由に要求できる雰囲気、要求することが義務だと感じる雰囲気をつくりださなければならない。ビジョンを構築すること、思いきった行動、スピーディーな対応、積極性を要求し、それを実行した部下を評価することは、リーダーにとってもっとも重要な任務である。そうした任務を実行するために欠かすことができないのが、簡潔性である」

「簡潔に仕事をやるには、強い自信が必要になる。大企業ではとくにそうだ。官僚主義にしがみつき、肩書きだけに頼っていては、自信は生まれない。官僚主義はスピードを嫌い、簡潔を憎む。官僚主義のもとで育つのは、守りの姿勢、陰謀、そしてときには卑劣である。官僚主義にどっぷりとつかってしまうと、縄張りにしがみつき、情熱がもてなくなり、そして、九〇年代には勝ち抜けなくなる」

企業が従業員に自信を分け与えることはできない。しかし、夢を描き、リスクを負い、成功するチャンスを与えて、自信をつけるチャンスを与えることはできる。

「スピード、簡潔、自信。われわれはこの三つの企業倫理を育てていくことによって、企業の力を引き出すと同時に、従業員のはかりしれない生産能力を解放し、発揮させることができる。従業員に、自分たちの行動が重要な意味をもっていることを理解させ、従業員に責任をまかせられるだけの自信をこの国のビジネス・リーダーが確立すれば、言いかえれば、従業員ひとりひとりが、自分たちの日常業務と会社の将来との間に明白な関係があると認識できる環境をつくりあげることができれば、ＧＥの生産性は考えられもしなかった水準に達し、文化的背景によって従業員の解放や権限委譲のできない世界各国の競合企業を圧倒できるだろう。

われわれは、権威を恐れない積極的な従業員、非効率なことには我慢ができない従業員、好奇心旺盛な従業員……かれらがもつエネルギーや創造力という強力な武器をさずけられている。成功のカギは、従業員が握っている。何十年にもおよぶ管理体制を終わらせ、九〇年代を従業員解放の時代にすることができれば、従業員が仕事に夢をもち、果敢に挑戦し、勝利できるようになり、これらの長所を活かすことができる」

一九八〇年代には重工業が大不況にみまわれたが、九〇年代には防衛産業が同じような問題に直面すると、ウェルチはみている。

「まず、現実を受け入れることが問題解決への第一歩となる。第二歩は、事業の規模を調整することだ。短時間で事業規模を再編できる企業だけが、九〇年代を勝ち残り、繁栄するだろう」

一九九〇年代の大きな課題は研修だと、ウェルチは主張する。

「変革の波にさらされるこの世界を勝ち抜いていくために、あらゆる層の従業員に貢献を呼びかけるなら、そのための道具を提供しなければならない」

一九九一年十二月、ウェルチはフォーチュン誌上で、財界、政界、宗教界、学界のリーダーのひとりとして、「一九九二年、アメリカ企業に何を求めるか」という質問に次のように答えた。

「あらゆる企業経営者は、ピラミッドをたいらにし、壁を取り払わなければならない。そうすれば、より多くの人々が、解決すべき問題についてより多くのアイデアを提案するようになる。

すべてのアイデアが完璧というわけではない。バイオの革新的発明のようなものがアイデアであるというのは、間違った考え方だ。たとえば、請求を間違いなくやることが、アイデアだ。アイデアとは、六日間頭をひねりつづけた結果、ある日突然ひらめくものだ。だれもが貢献できる。現場で作業をしている人は、オフィスにいる従業員よりもはるかにいい提案をする場合が多い。カギになるのは、そうした現場の従業員に敬意をはらい、尊重することだ。彼らと同じ部屋で三日間も作業工程について検討すれば、アイデアは自然とわいてくる。組織のあらゆる人間に敬意をはらうようにすれば、状況は目にみえて好転するだろう」

一九九〇年代を迎えてもなお、生産性の向上はウェルチにとって第一の課題だった。一九八〇年代の終わりにかけて、管理階層などの官僚体質を排除しようと努力したが、さらにいっそうの努力が必要だと感じていた。一九九一年度の年次報告書に、ウェルチはこう書いている。

「残念なことに、まるで国立公文書館に保管されている文章のように、五人、一〇人、ときにそれ以上の署名を経て、やっと実行に移せる書類がいまでも社内にある。たとえば、ボイラー係の上にボイラー監督者がいて、ボイラー監督者の上に設備責任者がいて、設備責任者の上に工場業務責任者がいて、工場業務責任者の上に工場長がいて、さらに上に続いていくように、ちょっとしたところで管理階層が何重にもなっていることが、いまだにある」

ウェルチは組織階層をさらに削減したいと考えていた。

一九九二年夏、ウェルチはGEにどのような遺産を残したいかを語った。

「わたしは、エクセレント・カンパニーだという評判をいちばん大切にする世界トップクラスの企業をつくりあげたい。われわれのすることが世界中で歓迎されるようにしたい。社員が意欲をもち、情熱をもって実力主義の組織に加わり、自分と家族の生活を豊かにしていくと同時に、GEという最先端の企業に参加することで成長していけるようにしたい。そして、社員全員が経営を担い、事業に参加することで、尊敬をあつめ、指導力あるグローバル・カンパニーをつくりあげたい」

一九九三年四月二十八日、インディアナ州フォートウェインでひらかれた年次株主総会で、ウェルチは「バウンダリレス」は、強力なグローバル企業がいっそう強化され、世界市場でさらに競争力が高まる活動であることを説明したあと、もっと重要な活動があるといった。それは、**「全員参加」**だ。

ＧＥの家電事業はこれまで好業績をあげてきたが、事業拠点がルイビルにあるため、コスト面で競争上不利な立場にあった。ウェルチは、ルイビル工場が赤字を出しているのをみて、もし経費を抑えられなければ、「ここにはいられない」という判断をくだした。

全員参加はルイビルからはじまった。

「この問題を解決するには、より良いアイデアをより多く、それも一握りの人々ではなく工場の全従業員から引き出すしかない。われわれはすでに第一歩を踏み出している。数値をすべて公開し、帳簿をすべて公開し、すべての従業員があらゆる選択肢について話し合い、そうやって、全員が勝利するために、アイデアとエネルギーを出している。

ルイビルがうまくいくかどうかはまだわからないが、そこで何が起きているのかを知らされない従業員が、ひとりもいないことはたしかだ。事実を知らなければ、問題解決に貢献することはできないからだ」

ウェルチは、企業の構成要素のうちもっとも重要なのは、従業員だと考えている。

「GEでは、二〇万人以上にのぼる社員が、毎日、もっと良い方法を見つけ出すために出勤してくる。事業戦略、テクノロジー、市場開拓、企業買収、資産処分などはたしかに重要だが、そうしたことをすべて合計しても、従業員の力のほうが重要だ。GEが勝つか負けるかは、従業員にかかっている。従業員全員の心をつかむ方法を見つけ出した企業、ひとりひとりの情熱をすべて活用し、従業員同士をへだてる人為的な壁をすべて取り除く方法を見つけ出した企業が、九〇年代もそれ以降も繁栄しつづけることになるだろう」

一九九三年六月、ウェルチは一九九〇年代を展望して、こう語っている。

「かつて、九〇年代にくらべれば八〇年代はぶらぶら散歩するようなものだったと言ったことがある。そのときでも、状況の厳しさを十分の一しか、わかっていなかった。八〇年代後半、GEはグローバルな成長を遂げた。世界中に大規模な生産拠点を築き、事業を世界展開し、世界各地とのアクセスを可能にした。その後、世界経済の成長が停滞し、グローバルな需要は低迷した。三年前のことがまるで嘘のように、九〇年代には利益率や経費に圧力がかかっていく。競争圧力はさらにもう二段階ほど強まるだろう。したがって、生産性を上げられない企業は、きわめて厳しい状況に直面し、ふたたび衰退の道をたどることになるだろう」

一九九〇年代に他社をしのぐ競争力を身につけるには、**アイデアやイノベーションなどの知的資産を創造できる学習環境をつくりあげていくリーダーシップ**が必要なのだと、ウェルチは確信している。

付記A　GEの価値観

以下に示す「GEの価値観」は、1990年代にGEがめざす方向であり、ジャック・ウェルチの31のリーダーシップの秘訣を発展させたものである。

・明快で簡潔、現実的で顧客本位のビジョンを構築し、そうしたビジョンを社内のすべての人に明快に伝えられるようにする。
・責任と職務を理解し、決断力をもって行動する。つねに変わらない誠実な態度で、目標を高く設定し、それを達成する。
・情熱をもって一流をめざす。官僚主義や、官僚主義がもたらす無意味なことを敵視する。
・自信をもって権限を部下に委ね、境界にこだわらずに動く。その手段として、ワークアウトを信じ、ワークアウトに積極的に参加する。どこからでもアイデアを受け入れる。
・グローバルな頭脳と感性を育て、多様性のあるグローバルなチームをつくっていく。
・変化をうながし、変化を楽しむ。変化を恐れない。変化を脅威ではなく、チャンスと考える。
・まわりの人を活気づけ、やる気を起こさせる強力なエネルギーと能力をもつ。スピードが競争力向上につながること、会社全体にとって、スピードアップのメリットがいかに大きいかを理解する。

付記B　リーダーシップ評価表

以下に示すGEの「360度リーダーシップ評価表」は、あらゆる方向（上司、同僚、部下、顧客）から従業員を採点する基準であり、GEの価値観にもとづいて作成されたものである。

評価基準

1　2　3　4　5

かなり啓発の余地あり　…　非常に優れている

360度リーダーシップ評価表

指標	行動基準	責任者の評価	同僚の評価	部下の評価	その他
ビジョン	・組織にとって明快、簡潔で、しかも顧客本位のビジョンや方向性を示して、伝えている。				
	・つねに前進しようとし、可能性をひろげ、豊かな発想力を持てるよう努めている。				
	・ビジョンを実現するために、まわりの人を奮い立たせる。人の心をつかんでいる。模範を示して、リードしていく。				
	・たえず変化する経営環境に合わせて、ビジョンを改めている。				
顧客・品質重視	・顧客の声に耳を傾け、グループ内の納入先もふくめ顧客のニーズを満たすことを最優先している。				
	・あらゆる業務を完璧に遂行する熱意を示すと同時に、まわりの人々の熱意もよびおこしている。				
	・提供する製品やサービスの全般について、 品質要求を満たすよう努力している。				
	・顧客に奉仕し、組織全体にサービス精神を波及させている。				

指標	行動基準	責任者の評価	同僚の評価	部下の評価	その他
誠実さ	・あらゆる面で、つねに誠実で真摯な態度で仕事に取り組んでいる。				
	・熱意をもって、最後まで仕事をやり遂げる。自分のミスには自分で責任をとる。				
	・高い職業倫理を求める会社の方針を忠実に守っている。				
	・発言と行動が一致している。全幅の信頼を得ている。				
責任・意欲	・経営目標を達成する意欲をもつとともに、目標を達成している。				
	・信念とアイデアを堂々と述べ、同僚のために立ち上がる勇気と自信がある。				
	・フェアで思いやりがあり、むずかしい決断を恐れない。				
	・職場環境の悪化をふせぐ責任を、妥協せずに遂行する。				
コミュニケーション・影響力	・オープン、率直、明快、徹底、不変の態度でコミュニケーションしている。相手からの反応や反対意見を歓迎している。				
	・人の意見を上手に聞き、新しいアイデアを探し出す。				
	・事実にもとづき、筋の通った議論をして、人を説得する。				
	・障壁を取り崩し、チーム、職能、組織階層を横断した相互に影響しあう関係をつくりあげている。				

指標	行動基準	責任者の評価	同僚の評価	部下の評価	その他
共有意識・バウンダリレス	・従来の境界にこだわらずに情報を分かち合い、新しいアイデアを受け入れる自信がある。				
	・チームのビジョンや目標を共有する意識を引き出し、育てている。				
	・人を信頼する。リスクを負い、境界にこだわらずに行動するように呼びかけている。				
	・自由に意見を交換する場として、ワークアウトを支持し、どこからでもオープンにアイデアを取り入れている。				
チームの形成・エンパワメント	・能力のある人材を抜擢する。指導やフィードバックにより、チームメンバーの能力を最大限発揮させている。				
	・すべての仕事を他人に任せられる。仕事をチームに任せることで、チームの効率を最大限発揮させる。個人的には、チームの一員として働く。				
	・部下の成功を認め、報いる。前向きで明るい職場環境をつくりだしている。				
	・チームメンバーの多様性（文化、民族、人種など）を活かそうと努力している。				
知識・専門技術・知恵	・職能的、技術的知識や専門技術をもち、積極的に分かちあう。つねに何かを学ぼうとしている。				
	・職能にとらわれず、文化の多様性を理解し、仕事について幅広い知識と視野をもっている。				
	・限られたデータで適切な判断をくだせる。とことん知恵をしぼる。				

指標	行動基準	責任者の評価	同僚の評価	部下の評価	その他
知識・専門技術・知恵	・必要な情報と不必要な情報を瞬時に見分け、複雑な問題の本質をとらえて行動を起こす。				
イニシャティブ・スピード	・前向きの真の改革を実践している。変化をチャンスと受け止めている。				
	・問題を予知し、新しい、よりよい方法を取り入れている。				
	・「官僚主義」を嫌い、回避し、排除すると同時に、簡潔で明快であることを追求している。				
	・スピードを競争力強化の手段と理解し、活用している。				
グローバルな視点	・グローバルな視野と感覚をもち、多様性に富んだグローバルなチームづくりに力を入れている。				
	・グローバルな事業や、労働力の多様性をフルに活用するスタンスを評価し、推進している。				
	・決定事項がどのような影響をおよぼすかをグローバルな視点で考える。グローバルな知識を積極的に吸収しようとする。				
	・あらゆる人に、信頼と尊敬をもって接している。				

解説　ウェルチのリーダーシップに見る永続企業の条件

長谷川洋三

「日本に行くと、どこに行っても君に会えるので実に楽しい。君の親切な言葉に大変感謝しているよ」――。

世界で最も評価の高いCEO（最高経営責任者）と言われる米GE（ゼネラル・エレクトリック）のジャック・ウェルチ会長は、二〇〇〇年一月、『ウェルチが日本を変える』（講談社）という本を出版した私に、こう祝いの言葉を寄せてくれた。

「GEにとって日本の経営者は師匠であり、日本はビジネススクールだ。GEは日本に進出してから一〇〇年の歴史があり、われわれは多くのことがらを日本の企業から学んだ」――。

ウェルチは、首相だった当時の宮沢喜一氏を官邸に訪ねた際、こう語って感激させた。いずれも人の心をつかむウェルチの神髄を物語っている。

米国の白熱電球メーカーのエジソン・ゼネラル・エレクトリックと交流電気技術会社のトムソン・ヒューストンが合併してGEが発足したのは一八九二年。合併に先立つ一八八六年には日本政府の印刷工場に直流発電機を納入して事業活動を始めている。GEが製造し、三井物産が納入した明治時代の発電機は現在も残っているという。GEは一九〇三年に東京事務所を開設し、一九〇五年には日本初の電球メーカーとして設立された東京白熱電灯球製造（その後、東京電気）に技術支援のため、資本参加している。この時、GE駐日代表のJ・R・ゲーリー氏が東京電気の専務取締役に就任したが、ゲーリー氏は、一九一〇年日本初の電信機製造会社である芝浦製作所の取締役にも就任した。東京電気と芝浦製作所は、GEを介して交流が深まり、両社は一九三九年に合併して東京芝浦電気（現東芝）となった。GEは、日本とビジネスのつながりが長いだけでなく、日本におけるエレクトロニクス産業発展の基礎を作ったわけだ。

GEの創業者であるトーマス・エジソンは、日本愛好家で知られ、白熱電灯開発にあたっては探検家ウィリアム・ムーアを日本に派遣して京都の八幡男山の竹を採集し、フィラメントの実験に使ったエピソードがある。エジソンは、日本の歴史や文化、日本人の精神的よりどころなどについても深い関心を寄せ、新渡戸稲造の『武士道』をはじめ、日本関係の本を好んで読んだ。GEが東京白熱電灯球製造に資本参加した一九〇五年は、セオドア・ルーズベルト米大統領の仲介で日本とロシアがポーツマス講話条約を結んだ年。日露戦争時に多額の戦費調達のため明治政府を代表して米国政府などと交渉に当たった金子堅太郎は、戦争終結の報告と感謝の意を表するためワシントン訪問の帰りニュージャージー州のエジソン研究所を訪れた。エジソンが大喜びで研究所を案内した話はよく知られている。

ＧＥは、一八九六年に米ニューヨーク証券取引所の株価水準を示す指標としてダウ平均株価が登場するとすぐに対象銘柄に組み込まれたが、一〇〇年を超えて現在なおダウ銘柄に採用されているのは唯一ＧＥだけである。一八九二年の発足時、ＧＥの年間売り上げは約一二〇〇万ドルだったが、一九九九年の売り上げは過去最高の一一二〇億ドル。純利益は初めて一〇〇億ドルの壁を突破して一〇七億ドルを記録した。栄枯盛衰が激しい米国産業にあって、一〇〇年を超えてなお成長力を維持しているところにＧＥの強みがある。そのけん引力となっているのが、歴代ＣＥＯの強いリーダーシップであり、変化に機敏に対応できる柔軟な企業構造である。

ウェルチが、一九七二年から九年間にわたってＧＥの会長兼ＣＥＯを務めたレグ・ジョーンズの後を継いで会長兼ＣＥＯに就任したのは、八一年四月。まだ四五歳だった。八〇年のＧＥの売上げは二四九億ドル、純利益は一五億ドルで、業績は順調だった。ジョーンズは在任期間中の九年間に売り上げを二・六倍に増やし、利益を三倍に増やした。ジョーンズは石油危機と高インフレに直面した難しい経営環境を経営資源の集中化戦略などによって見事に乗り切り、『フォーチュン』誌は八一年、「ビジネス界で最も人気のある経営者」と持ち上げた。しかし、新任CEOとなったウェルチの凄さは、こうした好業績にもかかわらず、GEの将来に警鐘を鳴らし、全従業員に生き残るための断固とした経営革命を呼び掛け、遂行したことだ。

本書が掲げるウェルチの「リーダーシップの秘訣」の原点は、ウェルチがCEO登場時に打ち出した戦略にある。中でも有名なのが、ありふれた製品やサービスを提供する企業では二一世紀は生き残れないとして、市場で圧倒的な優位を保てるナンバーワンかナンバーツーになる企業を目指す集中戦略であり、経営資源を集中すべき事業分野を示した「三つの円」(スリー・サークル・コンセプト)だ。ウェルチはこれからの戦略について問われると、紙とペンを持ち出して、コアビジネスとハイテクビジネス、それにサービスビジネスの三つの事業を円で囲み、三つの円に入らない事業はGEにふさわしくない事業として撤退するか売却するかだ、と述べるのが常だった。

こうして、ウェルチが会長就任当時にはリゾートマンションの経営やコークス輸入などきわめて広範な事業をしていたGEは、主力でない事業からの撤退を始め、テレビ事業など家庭電器事業の大半や、冷戦終結直後には宇宙航空部門も売却した。ウェルチが会長就任から五年の間に実施した事業売却額は約六〇億ドル、四〇万人いた従業員の三分の一が削減された。しかし、工場売却によって得た資金で、成長分野では積極的な企業買収を行い、八一年から九三年の間に買収した事業は三七〇件、二一〇億ドルに上った。次世代画像診断装置などのメディカルシステムや高機能プラスチック、ジェットエンジンなど航空機エンジン、発電用タービンなどの発電設備、NBCなどメディア事業、消費者融資・リースといった金融サービスなどの事業を強化した。とりわけGEキャピタルなどの金融サービスの成長は著しく、全売り上げの約半分を占めている。

GEは、二〇〇〇年十月、突然四五〇億ドル(約四兆九〇〇〇億円)もの大金を投入して航空機部品大手のハネウエルを買収すると発表したが、これもウェルチの掲げるナンバーワン、ナンバーツー戦略が背景にある。ハネウエルの売り上げは約二四〇億ドル、利益は約一五億ドル、従業員数は約一二万人。GEと比べ売り上げで約二割、従業員で約半分程度の規模だが、操縦席のコクピットに収められる航空機の頭脳であるアビオニクス(航空電子機器)分野では最大手企業。全売り上げの約四〇%が航空機用の電子部品だ。工業機器制御などのコントロール機器や自家発電向けなどの小型ガスタービンにも強みがある。

GEは、ボーイングの大型旅客機向けなど大型や中型エンジンを中心に航空機ジェットエンジンの最大手企業。航空機エンジン事業の売り上げは約一〇〇億ドル、全売り上げの約八%を占めている。しかしハネウエルの買収により、主力エンジン、補助エンジンだけでなく、コクピットソフトなどのアビオニクスを含め、機体以外のすべての航空機事業の開発を提案できるワン・ストップ・ショッピングが可能な企業としてアピールできる。二〇〇一年のGEは、航空宇宙産業で圧倒的な規模を持つことになるだけでなく、売上高一七六〇億ドルというほかに類を見ない超大企業になる見通しだ。

ハネウエルの買収は、初めGE、英ロールス・ロイスとともに、航空機エンジン市場を三分する米ユナイテッド・テクノロジー（UT）が進めていたが、強力な対抗企業が登場することを警戒したウェルチの土壇場の判断で決まった。

ハネウエルのマイケル・ボンシグノア会長兼CEOとともに、この買収を発表したウェルチは、同時に「二〇〇一年三月に予定していた退任を同年十二月まで延ばす」と発表した。この理由についてボンシグノア会長は、「ハネウエルの取締役会が合併事業を仕上げるまで求心力としてのウェルチの続投を望んだ」と説明した。米コンサルタント会社によると、九九年に米国の売り上げ上位二〇〇社のうち二三社のCEOが交代したが、二〇〇〇年も約四〇社がCEO交代を発表するなど、株主が経営トップの腕前を見極める期間はきわめて短サイクル化している。この中で二〇年間にわたってCEOを続けることになったウェルチは非常に例外的な存在だ。ウェルチのカリスマ的経営者たる由縁だが、「ジャックのリスキーな最後の賭け」とのタイトルでGEのハネウエル買収を特集した『ビジネスウイーク』誌二〇〇〇年十一月六日号は、「問題はウェルチの後継者がまるでローマ帝国のようなGEを運営していけるかどうかだ」とも指摘している。

しかしウェルチは公約通り、二〇〇〇年十一月二十七日、後継のGE会長兼CEOとして医療機器部門社長兼CEOのジェフリー・インメルト氏が二〇〇一年末に就任すると発表した。インメルト氏は四四歳。後継選びの最終候補に残った三人の事業部門トップの中で最年少だった。ウェルチは後継者として選んだ理由について「若さは重要な要素だった。戦略的知性や強力なリーダーシップ、チームをうまく運営する手腕にも優れている。GEのCEOは最低一〇年の時間がなければいい仕事はできない」と説明した。

父親がGEの中堅幹部だったインメルト氏は、ダートマス大応用数学科卒業後ハーバード大で経営学修士を取得、八二年にGEに入社した。家電部門やプラスチック部門を経て九七年GEの医療機器部門のCEOに就任、企業買収や海外R&D拠点の強化などを通じて同部門の業績拡大に貢献した。また、彼が普及に努めた品質改善活動のシックスシグマ（一〇〇万個当たり三・四個未満の欠陥率）は、ソニー、東芝などの日本企業にも波及して効果をあげた。

同氏は会見で、「どんな巨大企業にも成長性の海原は広がっている。GE成長の可能性は無限だ」と述べ、高成長を続けたウェルチ時代の勢いを持続することに自信を示した。日本人として初めてGEの執行役員・副社長に就任したGEメディカルシステムズ・アジアの藤森義明社長を初め、同氏の薫陶を受けた社員も多く、二〇〇〇年九月に日本を訪れた同氏に会った庄山悦彦日立製作所社長は「なかなか頼もしい印象を持った」と語った。

「まず数字があるのではない。二一世紀に勝ち残る企業に必要なのは行動であり、哲学であり、理念だ。柔軟で境界のない組織を作り、従業員全体を巻き込み、良いアイデアを社外からどんどん取り入れて行動することだ。軍隊のような従来型の古い命令、指揮構造では、全員を仕事に関与させることはできない」――。

一九九三年十月、私のインタビューでウェルチはこう強調した。

「私の希望は、GEの全従業員にエキサイティングな仕事を提供することだ。すべての従業員に、私と同じように仕事を楽しんでもらいたい。私のできる最も重要なことは、こうした雰囲気作り、環境整備だ。私は、どんな従業員にもチャンスを与えることに全力を尽くしている。これは素晴らしい夢だと思っている」――。

九四年十月、雑誌『日経ビジネス』の創刊二五周年の記念セミナーでウェルチは、聴衆に語りかけた。

ウェルチは、毎年一月初め、フロリダ州ボカ・ラートンに上級管理職者約五〇〇人を集めて一年間の基本方針を演説する。ここで話されたウェルチの講演内容は、ビデオテープなどの形で世界中のGEの拠点に送られ、多くの従業員が一年の方針を確認する。ウェルチは、ボカ・ラートンで討議した内容やアイデアがまだ新鮮なうちに、三月に発表する年次報告書(アニュアルレポート)の冒頭に載せる株主への手紙を書く。毎年この年次報告書の中で、新しいキーワードを披露し、GEの進路を示す。「ワークアウト運動を展開して百年の歴史のしがらみから自身を解放しよう」(八八年)、「スピード、シンプリシティ(簡潔さ)、セルフコンフィデンス(自信)の三つのSを大切にしよう」(八九年)、「スピード、ストレッチ(高い目標の設定)、バウンダリレス(組織の壁のない企業)」(九三年)、「シックスシグマに基づく品質改善は仕事の基本、IT(インフォメーション・テクノロジー)は競争乗り切りに不可欠な機能」(九六年)といったキーワードはこうして全社に伝えられた。中でもウェルチが最近特に力を入れているのがITである。

「日本におけるGEのITへの取り組み状況について報告を受けたが、正直に言って情熱のほとばしる報告は少なかった。明日の朝、起きて鏡に向かったら、もう一度考え直してレポートを書き直して欲しい」――。

ウェルチが九九年十月に来日した折、私は東京都内のホテルで行われたウェルチとGEジャパングループ従業員との対話集会を見学する機会があったが、ITにかけるウェルチの情熱に圧倒された。

ウェルチは、リーダーの条件としてよく四つのEをあげる。第一のEは、大きな活力を生み出すエネルギー。第二のEは、他の人をやる気にさせるエナジャイズ能力。第三のEは、ぎりぎりの難局(エッジ)における決断力。第四のEは、最後までやり抜く実行力(エクゼキューション)。そして、これに第五のE(エレクトロン)が加わる。米フォーチュン誌はかっての「ニュートロン（中性子爆弾）ジャック」に代わって「Eジャック」と言うニックネームをつけるようになった。

「Eメールは私たちの経営スタイルすべてに影響を与えている。全員が即座に情報を入手できるので、全員が同じ事実をベースに仕事ができるようになる。自分の手元に知識を握り占めていたようなマネージャーは力を持てなくなった。すべての人々がコーチであり、エナジャイザー（活性化する人）であり、他の人々を励まし、仕事をさせる力となって行く」――。

九九年十月、日本経済新聞社など主催の「グローバル・マネジメント・フォーラム（世界経営者会議）」でこう講演した。

ウェルチは、幹部社員あてに毎年度末、「よくやった」とか「もっと努力してくれ」と自らしたためた手書きの業績評価表を渡している。受けた社員は、文字の太さやメモの殴り書きの具合によってウエルチの気持ちを推し量れるので、ウェルチとの間に情が通うことになる。最近では管理職に送るメモは電子メールに置き換えているが、それでも重要なことは、紙にペンで書いてファックスで送っている。IT時代にあってなお人間味を失わない経営者であろうとするところにウェルチの魅力がある。

本書は、ウェルチがGEのCEOに就任して以来実践してきた経営改革の手法を三一の信条に分類してわかりやすく解説したものだ。ウエルチが何をねらいに、いかなる方法で改革を実行したのか、成功者の経営理念がキーワードで整理されているのでわかりやすい。巻末にはGEの従業員がGEの定める価値観に基いて行動しているかをあらゆる方向（上司、同僚、部下、顧客）から採点する三六〇度リーダーシップ評価表がついていることも、実用的だ。

筆者は、ウェルチウォッチャーとして有名なジャーナリストのロバート・スレーター氏。ベストセラーとなった同氏の *Jack Welch and the GE way*（邦訳『ウェルチ―GEを最強企業に変えた伝説のCEO』日経BP社）、*The GE Way Fieldbook*（邦訳『ウェルチの戦略ノート』同社）の姉妹編である。タイム、ニューズウィークなどで長くジャーナリズム活動をした後、著作活動に入った同氏は、ウェルチが従業員や株主などに語りかけた言葉や、ウェルチにインタビューした取材記録などを綿密に精査し、再編集してビジネスマン向けの手ごろな経営指南書とした。ウェルチが、激しい国際競争を乗り越えて、今なお世界の経営者のモデルであり続ける秘密がGEの歴史とともに浮き彫りになっている。

（日本経済新聞社編集局長付編集委員）

本書は、一九九四年一〇月に日経BP社から刊行された『進化する経営』を、文庫化にあたって改題したものです。

日経ビジネス人文庫

ウェルチ

リーダーシップ・31の秘訣《ひけつ》

2001年1月5日 第1刷発行

著者
ロバート・スレーター

仁平和夫《にひら・かずお》=訳

発行者
小林豊彦

発行所
日本経済新聞社
東京都千代田区大手町1-9-5 〒100-8066
電話(03)3270-0251 振替00130-7-555
http://www.nikkei.co.jp/pub/

ブックデザイン
鈴木成一デザイン室

印刷・製本
凸版印刷

定価はカバーに表示してあります。落丁本・乱丁本はお取り替えいたします。
Printed in Japan ISBN 4-532-19033-9

日本の経営
アメリカの経営

八城政基

40年にわたる多国籍企業でのビジネス経験を通して、バブル後の「日本型経営」に抜本的転換を迫る。日米企業文化比較論の決定版!

稲盛和夫の実学
経営と会計

稲盛和夫

バブル経済に踊らされ、不良資産の山を築いた経営者は何をしていたのか。ゼロから経営の原理を学んだ著者の話題のベストセラー。

良い経済学
悪い経済学

ポール・クルーグマン
山岡洋一=訳

「国と国とが競争をしているというのは危険な妄想」「アジアの奇跡は幻だ」人気No.1の経済学者が、俗流経済論の誤りを一刀両断!

大学教授の株ゲーム

斎藤精一郎・今野 浩

経済学者と数理工学者の著者コンビが、様々な投資法を操り相場に挑戦!—— 銘柄選択、売り買い判断など、勉強になること間違いなし!

デルの革命

マイケル・デル
國領二郎=監訳

設立15年で全米1位のPCメーカーとなったデルコンピュータ。その急成長の鍵を解く「ダイレクト・モデル」を若き総帥が詳説。

金融法廷

岩田規久男

怒りとともに学ぶ現代金融! 住専問題、山一倒産などを題材に、金融行政の誤りを明らかにする知的エンターテインメント。長銀篇を増補。